EL NIÑO Y SU MUNDO

# Fácil y divertido
## ACTIVIDADES PARA APRENDER

# El niño de 4 años

Marla Pender McGhee

Título original: *Quick & Fun Learning Activities for 4 Year Olds*
Publicado en inglés por Teacher Created Materials, Inc.

Traducción de Joan Carles Guix

Diseño de cubierta: Valerio Viano

Ilustraciones del interior: Sue Fullam y Jose L. Tapia

Fotografía de cubierta: Stock Photos


Distribución exclusiva:
Ediciones Paidós Ibérica, S.A.
Mariano Cubí 92 – 08021 Barcelona – España
Editorial Paidós, S.A.I.C.F.
Defensa 599 – 1065 Buenos Aires – Argentina
Editorial Paidós Mexicana, S.A.
Rubén Darío 118, col. Moderna – 03510 México D.F. – México


Quedan rigurosamente prohibidas, sin la autorización escrita de los titulares del *copyright*, bajo las sanciones establecidas en las leyes, la reproducción total o parcial de esta obra por cualquier medio o procedimiento, comprendidos la reprografía y el tratamiento informático, y la distribución de ejemplares de ella mediante alquiler o préstamo públicos.

© 1996 Teacher Created Materials, Inc.
Images © 1996 PhotoDisc, Inc.

© 2002 exclusivo de todas las ediciones en lengua española:
   Ediciones Oniro, S.A.
   Muntaner 261, 3.º 2.ª – 08021 Barcelona – España
   (oniro@edicionesoniro.com - www.edicionesoniro.com)

ISBN: 84-9754-013-1
Depósito legal: B-26.885-2002

Impreso en Hurope, S.L.
Lima, 3 bis – 08030 Barcelona

Impreso en España – *Printed in Spain*

# Índice

| | |
|---|---|
| Introducción | 4 |
| Nota de la autora | 5 |
| Materiales que encontrarás en casa | 6 |
| Consejos de seguridad | 7 |
| ¡A divertirse cocinando! | 9 |
| La hora de acostarse y del baño | 19 |
| Actividades artísticas | 25 |
| Música y movimiento | 36 |
| Juegos sensomotrices | 45 |
| Diversión preescolar | 53 |
| Actividades en la naturaleza | 60 |
| Lejos de casa | 66 |
| Utiliza la fantasía para divertirte | 73 |
| Bibliografía | 79 |

# Introducción

Tu hijo de cuatro años ya hace un año que inició la escolaridad formal, aunque aún dista un buen trecho de estar «preparado» para el mundo de la escuela. ¿Qué podrías hacer para ayudarlo en este sentido? A decir verdad, puedes potenciar su confianza en sí mismo y prepararlo para el entorno académico de formas muy diversas. Mientras aprendéis y jugáis juntos con las actividades de este libro, contribuirás a desarrollar unos sólidos cimientos para tu hijo que le resultarán útiles durante toda su vida.

Tu hijo de cuatro años necesita sentirse seguro en el entorno que le rodea, necesita la libertad suficiente para intentar desempeñar distintos roles y realizar diversas actividades, incluyendo el uso del tiempo estructurado y no estructurado, actividades activas y pasivas, y tiempo de bullicio y tiempo de silencio, todo ello dentro de unos límites de seguridad. También tiene que conocer que se aplican diferentes reglas en diferentes lugares y diferentes ocasiones. Por ejemplo, si todos hablaran a la vez en un aula, nadie conseguiría enterarse de lo que están diciendo los demás. De este modo, tu hijo tendrá que aprender a esperar su turno para hablar en la escuela, aunque en casa no haya que ser tan formal a la hora de poder hacerlo. Reflexiona un instante, ponte en el lugar del niño y explícale cómo funcionan las cosas antes de exponerlo a un nuevo entorno con nuevas reglas. Asimismo, tómate el tiempo necesario para explicarle a conciencia las nuevas actividades y juegos, como los que encontrarás en el este libro, para aumentar sus probabilidades de éxito.

Recuerda que el desarrollo normal y los hitos que hay que alcanzar en determinados momentos de la evolución personal no están escritos en piedra. Algunos niños desarrollan algunas capacidades antes que otros de la misma edad. En términos generales, los niños de cuatro años estarán en camino de conseguir una mayor coordinación de los músculos grandes y pequeños, y empezarán a divertirse trabajando y pasando el tiempo con los demás. Así pues, usa las actividades de este libro para construir la autoestima del niño, incluyendo el orgullo de sus técnicas físicas recién adquiridas, y la preparación académica, y no temas añadir tu toque personal a las actividades. Por ejemplo, tal vez quieras introducir una actividad para que tu hijo y uno de sus amiguitos jueguen juntos, en lugar de ser tú quien siempre esté jugando con él.

Y lo más importante: ¡relájate y diviértete con el niño mientras le sigues ayudando a navegar por el mundo!

# Nota de la autora

Todas las actividades de este libro están diseñadas para ayudar a construir una base de conocimientos y experiencias que contribuirán a que tu hijo tenga éxito en las actividades de aprendizaje futuras. Sin embargo, es importante que ambos las consideréis como un juego constructivo y no como una «preparación para la escucla». Para un niño, el trabajo, el juego y el aprendizaje son una misma cosa. Así pues, asegúrate de hacer un énfasis especial en el aspecto lúdico de cada actividad; así fomentarás un amor al aprendizaje que se prolongará durante toda la vida.

Las actividades que se incluyen en este libro parten de la base de que los niños de cuatro años necesitan tareas que desarrollen la creatividad, la destreza, la capacidad de resolución de problemas y la confianza. Siempre que ha sido posible, las actividades de cada sección se han ordenado de menor a mayor complejidad.

Cuando tu hijo esté listo para una determinada actividad, será capaz de mantener la atención suficiente para realizarla varias veces seguidas o, por lo menos, de cinco a diez minutos. Si una actividad específica no consigue atraer la atención del niño después de un par de demostraciones, tal vez sea demasiado pronto o demasiado tarde, siempre a nivel de desarrollo, para que el pequeño se beneficie de la misma. Para determinar si tu hijo ha superado la etapa óptima para una actividad concreta, pasa a la siguiente de la lista de la misma sección. Si no muestra el menor interés, quizá sea demasiado pronto; espera uno o dos meses e inténtalo de nuevo.

Además de las actividades listadas en este libro, a los niños de cuatro años les suelen gustar las siguientes:

- rompecabezas de cinco a diez piezas rígidas;
- juegos de mesa sencillos, sobre todo los que no incluyen demasiadas reglas ni requieren interludios de lectura;
- cortar y pegar (dibuja formas curvas y angulares para que tu hijo practique recortándolas);
- juegos de construcción;
- bloques;
- juegos de aspecto real que representen objetos de los adultos, tales como un pequeño equipo de herramientas o un estetoscopio;
- libros para leerles (en especial los cuentos e historias de humor).

Recuerda que, a pesar de vivir en esta era moderna, algunas de las actividades favoritas de tu hijo pueden estar relacionadas con los enseres domésticos y los juguetes sencillos.

# Materiales que encontrarás en casa

- Cola
- Adhesivo
- Bolitas de algodón
- Rotuladores
- Lápices de colores
- Pintura no tóxica
- Pinceles
- Bolígrafos
- Lápices
- Cartulina
- Papel de dibujo
- Toallitas de papel
- Papel de calco
- Papel de cera
- Fichas de archivo
- Pinzas para la ropa
- Aros de goma
- Plastilina
- Imanes
- Arena
- Lupa
- Papel de aluminio
- Vasos medidores
- Cucharas de medida
- Cuencos para mezclas
- Vasos de plástico
- Platos de papel
- Embudo
- Colorante para alimentos
- Reproductor de casete/CD
- Cartón
- Pelotas
- Muñecos
- Disfraces
- Espejo
- Semillas
- Tierra
- Libros

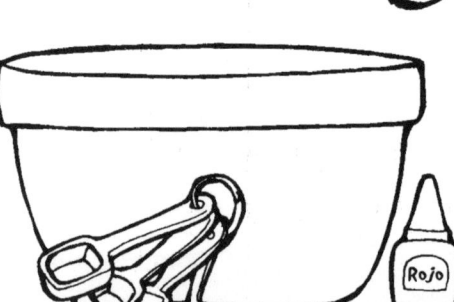

# Consejos de seguridad

Los padres suelen preocuparse a menudo de la seguridad de sus hijos. Desde el nacimiento hasta los tres años nos pasamos el tiempo cerrando las puertas de los armarios, atando y echando a la basura las bolsas de plástico, y sobre todo no perdiendo de vista a los niños un solo instante. Por desgracia, en ocasiones se da por descontado que a los cuatro años un niño ya es más capaz de velar por su propia seguridad, cuando en realidad no es así.

Aunque muchos niños de esta edad han aprendido que no deben ingerir líquidos tóxicos o cruzar la calle corriendo para ir en busca de una pelota, los peligros que los acechan son innumerables. Mientras continúan evolucionando hacia su independencia, los niños de cuatro años pueden quedar mesmerizados por sus intentos y olvidar las reglas de seguridad. ¡De todas las áreas de la casa, la cocina es la peor! A esta edad, es probable que tu hijo ya se haya aburrido de ser siempre el ayudante y quiera hacer las cosas por sí solo. Confía completamente en su capacidad para utilizar artículos tales como el microondas y el horno. ¡Ten cuidado! Aunque quieras darle todas las posibilidades del mundo de ser independiente y de triunfar en sus proyectos, la seguridad debe prevalecer. En la cocina se producen muchos accidentes.

También debes mostrarte cauta a la hora del baño y la piscina o la playa. A menudo, los niños de cuatro años intentan llenar la bañera y se queman. Muchos han seguido un cursillo de natación para padres e hijos o para niños pequeños. Eso está muy bien, ¡aunque siempre deben estar vigilados al jugar en el agua o en sus inmediaciones!

Y lo más importante, no dejes nunca solo a tu hijo. Aunque los niños de cuatro años puedan dar la sensación de ser muy responsables y conscientes de las medidas de seguridad, siguen siendo niños y necesitan la supervisión y orientación de los adultos para madurar y aprender a tomar las decisiones apropiadas. Si se le deja solo, un niño de cuatro años «independiente» se puede lastimar fácilmente intentando hacer algo para lo que aún no ha alcanzado la edad.

# Consejos de seguridad (cont.)

Las actividades de este libro están diseñadas para exponer a tu hijo a un sinfín de experiencias de aprendizaje divertidas. No obstante, la clave para que esté seguro consiste en protegerlo, estando siempre a su lado para ayudarlo y potenciar los conceptos de seguridad. No des por sentado que recordará todas las reglas de seguridad que le has enseñado. Juntos podéis aprender y revisar todos aquellos aspectos de seguridad que le permitirán llevar una vida saludable y feliz.

# ¡A divertirse cocinando!

| | |
|---|---|
| Introducción | 10 |
| Usar un rallador | 11 |
| Tamizar chocolate | 12 |
| Barquillos de apio | 13 |
| Acuarios comestibles | 13 |
| A poner la mesa | 14 |
| El collage de la cocina | 15 |
| Brochetas de frutas | 16 |
| Panecillos de pasas a la canela | 16 |
| Bolitas de manteca de cacahuete | 17 |
| Huevos de Pascua | 18 |
| Pasteles sorpresa | 18 |

# Introducción

A esta edad, a los niños les gusta ayudar y sentirse útiles. Es un momento excelente para enseñarles algunas tareas domésticas con las que disfrutarán y ayudarán a la familia. Este capítulo contiene actividades para que ayuden en la preparación de alimentos y en la decoración de la casa, que desarrollarán la autoestima de vuestro hijo. No sólo se dará cuenta de que realmente puede ayudar en la cocina, sino que además recibirá el reconocimiento de los demás. Dos de las actividades que figuran en esta sección, «Tamizar chocolate» y «El collage de la cocina» incluso pueden regalarse.

Enseñando a vuestro hijo a realizar actividades útiles que contribuyan en la preparación de la comida hace que ser padres resulte más divertido y menos estresante. En lugar de cocinar mientras vuestro hijo está aburrido y sin hacer nada, podéis hacer cosas juntos para conseguir un objetivo común.

Seguro que vuestro hijo se divierte haciendo, y la familia después probando, las deliciosas «Bolitas de manteca de cacahuete» y los «Pasteles sorpresa» que aparecen en este libro. Vuestro pequeño podrá hacer su propio desayuno especial, «Panecillos de pasas a la canela».

# Usar un rallador

**Materiales**
*Rallador de plástico*
*Zanahorias*
*Queso o pan tostado*
*Bol de plástico*
*Tapete antideslizante*

**Actividad**
A los niños ¡les encanta ayudar! Si se cuidan algunos detalles, tales como utilizar un rallador de plástico en lugar de uno metálico o que un adulto corte las partes del alimento que no van a utilizarse, el pequeño puede ayudar en la preparación de la cena. Las zanahorias ralladas están buenísimas doraditas o en ensalada; el pan rallado se puede utilizar como migas de pan en muchas recetas; y, por supuesto, hay una infinidad de usos para el queso rallado. Rallar también ayuda a desarrollar la coordinación ojo-mano y los músculos de la mano, dos requisitos previos para actividades más avanzadas, como por ejemplo escribir.

Haz que tu hijo se lave las manos. Ayúdale a conseguir los materiales necesarios y utiliza una mesa de su tamaño.

Enséñale a manejar correctamente un rallador. Para hacerlo, utiliza los mismos materiales que quieres que use. Piensa que, para un niño, es más fácil rallar en un bol que esté encima de una superficie antideslizante que hacerlo en un plato o en un trozo de papel de cera, como lo haría un adulto. Haz que comprenda cómo debe rallar antes de pasar a otras tareas.

Háblale de lo importante que es su actividad para la comida que estáis preparando. Ayúdale a comprender que realmente resulta útil en la preparación de las comidas, en lugar de jugar a las «comiditas» en una cocina de juguete mientras papá o mamá lo hacen en la cocina de verdad.

# tamizar chocolate

**Materiales**

*Vasos medidores de líquido*
*Cucharas medidoras de líquido*
*Tamiz*
*Ingredientes para el preparado (véase receta)*
*Cuchara grande de madera*
*Bol de plástico grande*
*Recipiente para el chocolate*
*Embudo (opcional)*

**Actividad**

Medir y tamizar no sólo son actividades útiles por sí mismas, sino que además proporcionan práctica en la coordinación mano-ojo y el desarrollo de los músculos de la mano. En este caso, resultan un producto sabroso y útil: ¡un exquisito chocolate a la taza!

Ayuda a tu hijo a preparar la siguiente receta. Después de mostrárselo con uno o dos ingredientes, permite que el niño llene las cucharas y los vasos medidores adecuados con los ingredientes. Una vez listo el preparado, ayúdale a verterlo en el recipiente. De este modo, también tú podrás saborear la bebida más tarde.

**Ingredientes para preparar chocolate a la taza**

1 vaso de azúcar (240 ml)
$1/3$ de vaso de cacao (160 ml)
1 vaso de leche en polvo (240 ml)
$1/2$ vaso de crema de café en polvo (120 ml)
$1/4$ de cucharadita de sal (1,25 ml)

**Instrucciones**

Coloca el tamiz en el bol. Mide el azúcar y vierte la mitad en el tamiz. Mide el cacao y vierte la mitad en el tamiz. Tamízalo en el bol. Añade el resto del azúcar y el cacao y repite la operación. Mide la leche en polvo y viértela en el tamiz. Haz lo mismo con la sal y la crema de café. Tamízalo en el bol. Retira el tamiz y remuévelo todo junto. Cuando los ingredientes estén bien mezclados, recoge el preparado con un vaso medidor y viértelo en el recipiente. Echa dos cucharadas del preparado en una taza, añade agua caliente, remueve y ¡disfruta!

# Barquillos de apio

**Materiales**
*Apio*
*Manteca de cacahuete o crema de queso*
*Pasas*
*Espátula de plástico*
*Toalla pequeña o paño de cocina*
*Tabla picadora*
*Tapete antideslizante*

**Actividad**
Los «barquillos de apio» se pueden tomar como un aperitivo fantástico y nutritivo o se pueden usar como guarnición.

Primero, corta las puntas del apio para que quede sólo el tronco. Ayuda a tu hijo a lavar el apio. Coloca el resto de los materiales en un espacio reducido donde pueda trabajar el niño. Muéstrale cómo cortar el apio en pedacitos pequeños con el cuchillo de plástico. Ayúdale a colocar la tabla picadora encima del tapete y cortar trozos de unos 8-10 cm de largo. Después, extiende la manteca de cacahuete o la crema de queso en los trozos de apio. Por último, ayuda al niño a adornarlos con pasas, a limpiarlo todo y a disponer los «barquillos» en una fuente.

# Acuarios comestibles

**Materiales**
*Gelatina azul*
*Vaso medidor de líquidos*
*Cuchara*
*Bol*
*Peces o tiburones de goma*
*Vasos de plástico transparentes*

**Actividad**
Este divertido tentempié es ideal para las fiestas. ¡Imagina lo orgulloso que se sentirá tu hijo cuando sus amigos admiren lo que ha hecho!

Ayuda al niño a elaborar la gelatina siguiendo las instrucciones del paquete. Puedes encargarte del agua caliente y luego dejar que tu hijo vierta la fría. Separa la gelatina en partes iguales y colócala en cuatro vasos de plástico transparentes. Mételos en el frigorífico hasta que cuajen. Enséñale a añadir cinco o seis peces o tiburones de goma y métalos de nuevo en el frigorífico hasta la hora de servirlos.

**Nota:** Salen cuatro vasos por cada paquete de gelatina.

# A poner la mesa

**Materiales**
*Manteles individuales*
*Vajilla*
*Servilletas*

**Actividad**
Ésta es otra actividad que permite a tu hijo colaborar en la preparación de la comida. Antes de empezar, diseña o compra manteles individuales con señales que muestren dónde tienen que colocarse la vajilla y las servilletas.

Después, enséñale que cada señal representa un objeto específico y cómo debe disponerlos en el mantel. Muéstrale también el lugar de la servilleta. Coge los demás manteles, la vajilla y las servilletas, y ayuda al niño a colocarlos correctamente.

Asegúrate de que se dé cuenta de hasta qué punto contribuye en la preparación de la comida familiar con este «trabajo de mayores». Transcurrido un mes poniendo la mesa con los individuales marcados, ayúdale a ponerla sin las señales.

¡A DIVERTIRSE COCINANDO!

# El collage de la cocina

**Materiales**
*Macarrones crudos*
*Alubias crudas*
*Pegamento*
*Cartulina*
*Marcador o tiza oscuros*

**Actividad**
Este collage muestra una manera distinta de utilizar algunos alimentos para decorar. Proporciónale dos o tres variedades de alubias y una o dos de macarrones, enseñándole, en el reverso de la cartulina (una hoja de unos 20 × 20 cm), cómo trazar algunas líneas que la dividan en diferentes secciones. Dale la vuelta a la cartulina y ayúdale a hacerlo. Aplica pegamento en uno de los fragmentos. Enséñale a cubrir el pegamento con el mismo tipo de alubia o macarrón y a completar el collage llenando cada sección, primero con pegamento, y luego cubriéndolo con un tipo determinado de alubia o macarrón.

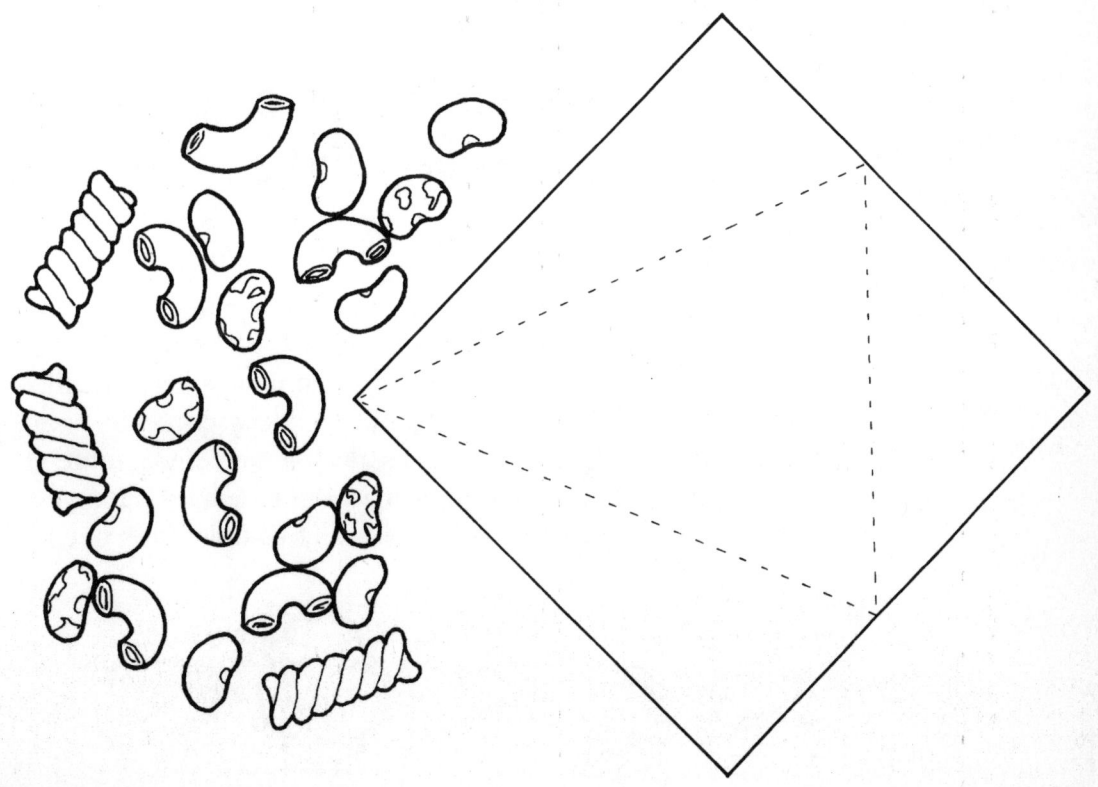

¡A DIVERTIRSE COCINANDO!

# Brochetas de frutas

**Materiales**
*Plátanos*
*Fresas*
*Uvas*
*Mondadientes*
*Espátula de plástico*
*Tabla picadora*
*Tapete o papel de cera*

**Actividad**
Ayuda al niño a reunir todo el material necesario en el tapete. Lava las uvas y las fresas. Corta el plátano en rodajas y enséñale cómo debe pincharlas con el mondadientes. Pincha un grano de uva, una fresa y una rodaja de plátano con cada mondadientes. ¡Las «brochetas de frutas» se pueden tomar como ricos aperitivos para toda la familia!

# Panecillos de pasas a la canela

**Materiales**
*Pasas*
*Canela*
*Azúcar*
*Panecillos congelados*
*Papel de horno*

**Actividad**
Ayuda a tu hijo a abrir el paquete de panecillos y a ponerlos encima del papel del horno. Enséñale a mezclar un poco de azúcar con canela y espolvorea los panecillos. Dile que los adorne con pasas encima y cuece los bollos siguiendo las instrucciones del paquete. Asegúrate de que comprenda que sólo una persona adulta puede manipular el horno y retirar los bollos cuando estén hechos.

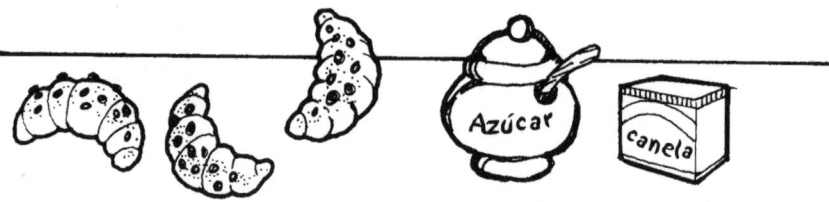

¡A DIVERTIRSE COCINANDO!

# Bolitas de manteca de cacahuete

**Materiales**
*Ingredientes (véase abajo)*

**Actividad**
Ayuda al niño a mezclar los ingredientes de la siguiente receta en un bol de plástico mediano y a confeccionar bolitas con la mezcla. Se pueden guardar, a temperatura ambiente, varios días, o en el frigorífico durante unas cuantas semanas. Toda la familia podrá disfrutar de este sabroso y nutritivo tentempié.

**Receta de las Bolitas de manteca de cacahuete**
(Para 5 docenas)
1 vaso (240 ml) de manteca de cacahuete
1 vaso (240 ml) de miel
2 vasos (480 ml) de leche en polvo desnatada
2 vasos (480 ml) de harina de avena

# Huevos de Pascua

**Materiales**

*Cereales de arroz inflado*
*Gominolas de colores*
*Mantequilla*
*Cacerola*
*Bolitas de algodón*
*Aceite frío*
*Papel de horno*
*Papel de cera*
*Huevos de Pascua de plástico*

**Actividad**

Sigue las instrucciones del paquete para hacer arroz hinchado usando gominolas de colores en lugar de blancas. Deja que tu hijo coloque los primeros ingredientes en la cacerola fría y haz tú el resto, recordándole que únicamente los mayores pueden usar cacerolas calientes y el fuego. Mientras cocinas, el pequeño puede ir llenando las mitades de los huevos de plástico con bolitas de algodón untadas en aceite.

Cuando la mezcla esté cocida, extiéndela, a cucharadas, en un papel de horno cubierto con papel de cera. Déjalos enfriar hasta que tu pequeño los pueda tocar. A continuación, ayúdale a rellenar cada mitad con la mezcla y a juntarlos para que queden los huevos enteros. Ponlos en el frigorífico durante algunas horas, extráelos del molde y colócalos en una fuente. Guárdalos a temperatura ambiente. Piensa que para un niño de cuatro años esta actividad es un reto, y seguro que le encantarán el colorido y la forma de los huevos.

# Pasteles sorpresa

**Materiales**

*Magdalenas cuadradas*
*Mermelada de fresa*
*Cuchillo de plástico*
*Gominolas (opcional)*

**Actividad**

Ayuda a tu hijo a cortar las magdalenas, previamente enfriadas, por la mitad, horizontalmente. Enséñale a poner un poco de mermelada en la parte inferior y a untarla. Si quieres, puede esconder gominolas en la mermelada para sorprender a los comensales. Después, pon la parte superior para que quede como un bocadillo. Por último, cubre toda la magdalena con mermelada. ¡Es una actividad ideal para que tu hijo colabore en la preparación de una fiesta de cumpleaños!

# La hora de acostarse y del baño

| | |
|---|---:|
| Introducción | 20 |
| Baño de burbujas | 21 |
| Ropa mágica con burbujas | 21 |
| Cuento relajante | 22 |
| Juego del silencio | 23 |
| A vestir una silla | 23 |
| Contar un cuento | 24 |

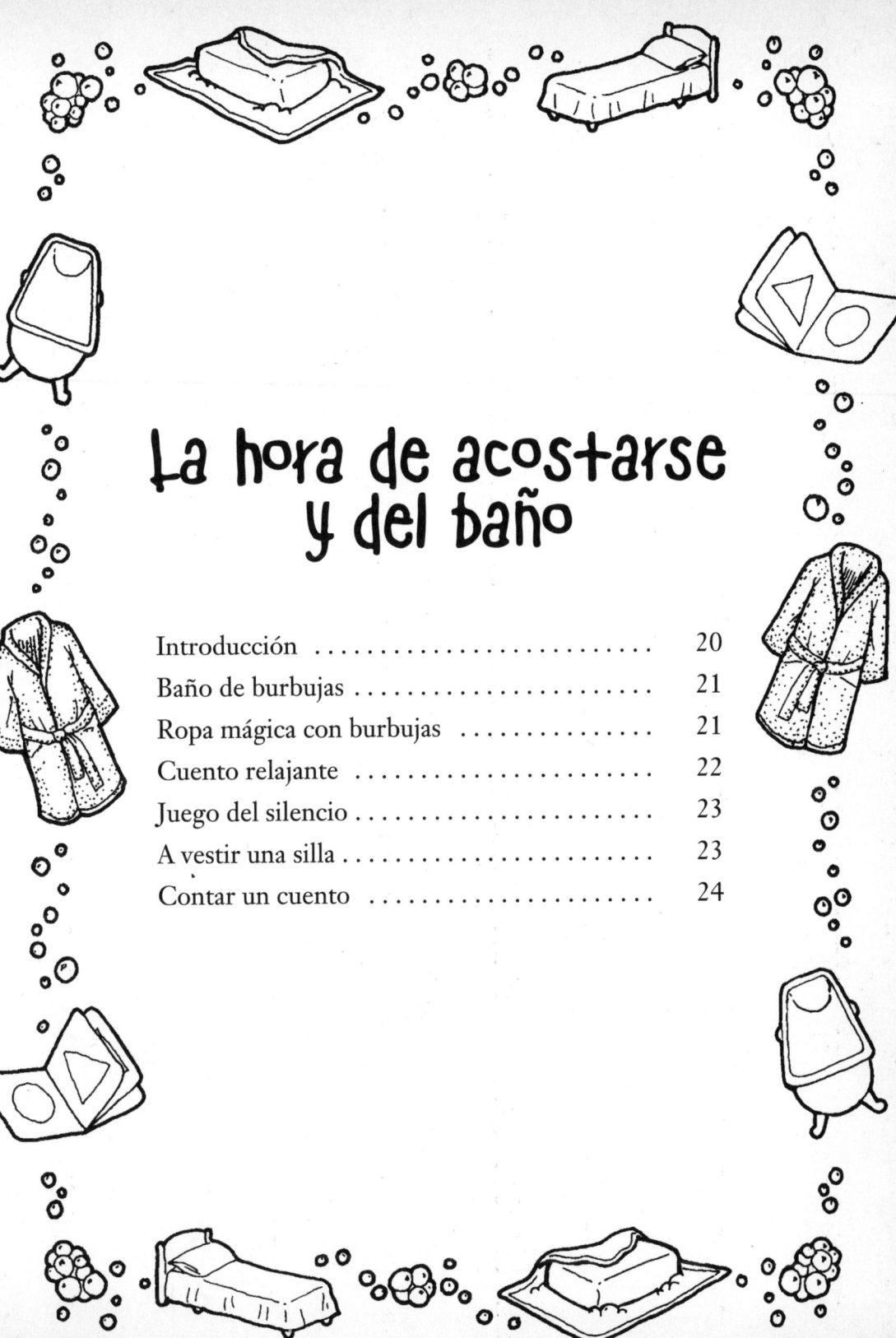

# Introducción

Los padres necesitan ideas para que estos dos momentos sean leves y más positivos tanto para ellos como para sus hijos. Intenta realizar estas actividades y utiliza la que mejor se adapte al niño. Recuerda que si el pequeño no está preparado para una determinada actividad, deberás esperar un mes antes de intentarlo de nuevo.

Las actividades para la hora del baño que se presentan en este libro están pensadas para facilitar la transición de un día agitado a una noche serena y sosegada. El agua es ideal para tranquilizar a un niño, y un baño (o la piscina cuando el tiempo lo permita) se puede usar para calmar a un niño excitado aunque no sea la hora de su baño habitual. Si tu hijo está atravesando una etapa en la que tiene miedo a la ducha o no disfruta de los baños por cualquier razón, estas actividades se pueden utilizar para tentarle a divertirse de nuevo con el baño.

Las actividades de la hora de acostarse están pensadas para suavizar la transición de un día activo a una noche de sueño profundo. Le puedes leer un cuento antes de las actividades que se explican en este libro si el niño está muy excitado después del baño. El «Cuento relajante» es apropiado para todos los niños de cuatro años, pero deberás esperar hasta los cuatro años y medio para el «Juego del silencio».

# Baño de burbujas

**Materiales**
*Varillas*
*Bol grande de plástico*
*Tapete antideslizante*
*Gel de baño*

**Actividad**
Esta ocupación está clasificada como actividad de la hora del baño, aunque se utilizan enseres de cocina, porque las burbujas acabarán en la bañera. ¡Qué mejor sitio que la bañera para armar jaleo!

Pon el bol en un tapete antideslizante y llénalo de agua fría hasta una tercera parte. Añade unas cuantas cucharadas de gel de baño y coloca las varillas en el bol, apoyadas en la base. Muéstrale cómo se utilizan las varillas. Sostén el bol mientras tu hijo convierte el gel en burbujas con la ayuda de las varillas. Retira las varillas y llévalo al baño. Empieza a llenar la bañera y ayuda al niño a verter en ella el contenido del bol. Estará encantado de poder meterse en este baño de burbujas tan particular.

# Ropa mágica con burbujas

**Materiales**
*Pañuelo*
*Pastilla de jabón*

**Actividad**
Esta actividad supondrá una motivación para que tu hijo se bañe, pues a esta edad los niños se sienten atraídos por las «cosas mágicas».

Moja un pañuelo y escúrrelo. Vierte un poco de jabón en el centro de una parte del pañuelo. Coge aire y contén la respiración, frunce la boca, aplícate el pañuelo (asegúrate de que no sea la parte enjabonada) y sopla. Retira el pañuelo para coger aire de nuevo. Repite la operación. Mira la parte enjabonada de la prenda. De forma mágica, habrás hecho aparecer burbujas. Anima a tu hijo para que se bañe con las burbujas y deja ahora que sea él quien las haga.

# Cuento relajante

**Materiales**
*Ninguno*

 **Actividad**

 Esta actividad recupera el antiguo arte de contar cuentos con una novedad: la relajación guiada.

Arropa a tu hijo en la cama y siéntate junto a él mientras le cuentas un cuento relajante.

Este tipo de cuentos hay que inventarlos sobre la marcha. Deben transcurrir en una escena serena, que a tu hijo le guste, como la playa o el jardín de la abuela.

Tu hijo es el protagonista del cuento. Asegúrate de decir su nombre completo al principio para que él pueda reconocerse. Deja que viva una pequeña aventura en el cuento, aunque no demasiado dramática. Hacia el final del cuento, haz que el protagonista tenga mucho sueño y acábalo con el niño teniendo dulces sueños.

# juego del silencio

**Materiales**
*Reloj de arena
(opcional)*

 **Actividad**
 Es una actividad fantástica para llevar a cabo inmediatamente antes de acostarse, pues ayuda a tranquilizar al niño, o bien después de haber realizado la actividad anterior.

Dile a tu hijo que es el momento de jugar al «Juego del silencio». Explícale las reglas del juego: «Cerremos los ojos o miremos el reloj de arena durante un minuto» (el tiempo se puede prolongar en función de lo acostumbrado que esté al juego). «Cuando pase el minuto abriremos los ojos y nos susurraremos lo que hemos oído.»

**Nota:** Si el pequeño cree que los sonidos proceden de fantasmas o de niños malos, explícale qué fue exactamente lo que provocó el ruido. Por ejemplo, si la calefacción central hace ruidos de fantasma dile: «Yo también lo he oído, pero no te preocupes, era la calefacción que se ha puesto en marcha».

# A vestir una silla

**Materiales**
*La ropa para la
  mañana siguiente
Una silla pequeña*

 **Actividad**
 No hay mejor manera de terminar el día que preparándose para el siguiente. Ayuda a tu hijo a asumir responsabilidades al tiempo que facilitas la terrible tarea de vestirse y arreglarse por las mañanas.

Deja que el niño te ayude a escoger toda la ropa que va a llevar: ropa interior, zapatos, calcetines, accesorios para el pelo, etc. Colocad las prendas en la silla como si la estuvierais vistiendo. Te asombrará lo bien que funciona a la mañana siguiente y cómo un pequeño de cuatro años puede divertirse planificando las cosas.

# Contar un cuento

**Materiales**
*Libro ilustrado*

**Actividad**

Antes o después de contarle el cuento, dile a tu hijo que te gustaría que te contará uno de algún libro ilustrado. Anímale a pasar las páginas después de haber comentado lo que hay en ellas. Verás como, al principio, las frases de una página no concordarán con las de la siguiente. Pero, a medida que pase el tiempo, y con el ejemplo de tu forma de contarle historias, sus cuentos serán más coherentes. Puede que se canse de sus propias historietas y las deje sin terminar. Todo esto es normal. Deja que haga lo que esté preparado para hacer y por supuesto agradécele siempre que haya contado un cuento tan bonito. Te alegrará comprobar lo orgulloso que se siente haciendo algo que tú haces tan a menudo.

# Actividades artísticas

| | |
|---|---|
| Introducción | 26 |
| Collage | 27 |
| Iglúes | 28 |
| Cabaña de troncos | 29 |
| Tipis | 30 |
| Vidriera de colores | 31 |
| Cuadro de verduras y frutas | 32 |
| Papel de regalo | 33 |
| A fabricar una cámara | 34 |
| Dibujos mágicos | 34 |
| Dibujos misteriosos | 35 |
| Tapiz | 35 |

# Introducción

Dado que a los cuatro años los niños se sienten orgullosos de sus habilidades, los proyectos artísticos son estupendos para brindarles la oportunidad de que otros puedan admirar sus creaciones. Cuando hagas manualidades con tu hijo, asegúrate de centrar la atención en lo divertido del proceso y no en el resultado final. Es mucho más beneficioso descubrir y disfrutar juntos que intentar hacer algo perfecto. De este modo, comprenderás por qué es preferible ayudarle a crear su propia obra de arte que confeccionar un modelo para que lo copie. Aunque no tiene la misma coordinación que tú, con cuatro años cada vez es más capaz de usar las manos y la mente para ser creativo.

Las actividades expuestas en este capítulo exigen el uso de la mano y los músculos de los dedos, y le ayudarán a tener éxito en empresas futuras tales como escribir, dibujar y resolver problemas aritméticos. Estos proyectos artísticos también están pensados para estimular la capacidad de abstracción, que ayudará al niño a resolver futuras situaciones complejas.

También ampliarán el mundo del niño, ya que usa la imaginación. Así, por ejemplo, esta sección incluye tres actividades multi-culturales que juntas forman una aldea global, «Iglúes», «Cabaña de troncos» y «Tipis». Otras, como los «Dibujos mágicos» o los «Dibujos misteriosos», incrementarán su comprensión de estas palabras.

# Collage

**Materiales**
*Bolsita para collage*
*Cartulina*
*Pegamento*
*Palitos de algodón*
*Papel de cera*

**Actividad**
Antes de empezar, crea tu propia bolsita para collage. Se trata de una bolsa para ir metiendo cosas muy diversas (pedacitos de materiales, trozos de lata de aluminio, trocitos de papel para envolver, aros de goma, etc.). De esta forma, tu hijo dispondrá de muchos recursos para sus creaciones artísticas, al tiempo que participa en el proceso de selección.

Cuando la bolsita esté lista, aplica pegamento en un trozo de papel de cera. Para hacer un collage abstracto, enséñale a seleccionar una cosa de la bolsa. A continuación, enséñale la siguiente técnica para pegar. Aplica un poco de pegamento en la punta del palito de algodón. Coge lo que hayáis seleccionado de la bolsa, aplícale pegamento con el palito y coloca la pieza, con el pegamento hacia abajo, en la cartulina. Anima a tu hijo a completar la cartulina aleatoriamente utilizando esta técnica. Si es más mayor, déjale dibujar primero líneas con una tiza del mismo color que el que se va a utilizar en el collage. Después ayúdale a rellenar el dibujo pegando los objetos.

Además de ser una forma divertida de componer un hermoso cuadro, constituye una buena actividad para aumentar la autoestima del niño que se frustra cuando no le salen los dibujos como había imaginado.

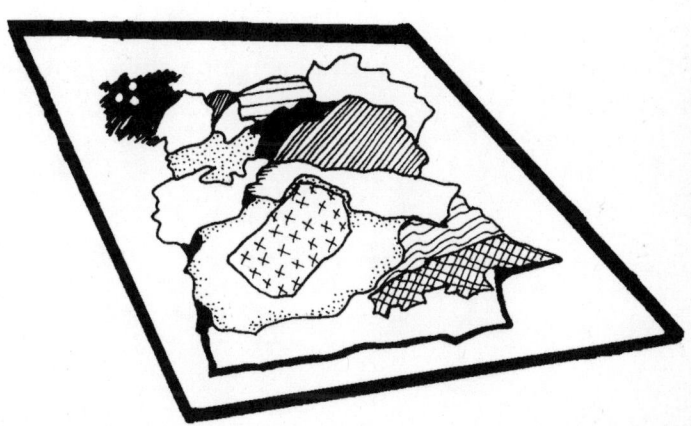

ACTIVIDADES ARTÍSTICAS

# Iglúes

**Materiales**

*Envase de yogur*
*Caramelos blandos*
*Plastilina*
*Cartulina*
*Pegamento*

**Actividad**

Amplía los conocimientos culturales del niño explicándole cómo se construyen las casas en sitios donde nieva mucho y hace mucho frío. Explícale que los iglúes, en realidad, están hechos con grandes bloques de hielo que parecen caramelos gigantes. Cuéntale también que los iglúes son mucho más grandes que el que vais a hacer, lo suficiente para que puedan vivir personas dentro. Dile que lo haréis de caramelos y plastilina, ya que la nieve se derretiría con el calor ambiente.

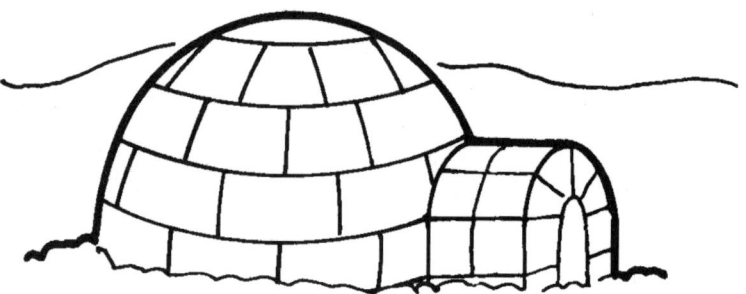

Recubre el envase del yogur con una fina capa de plastilina y luego revístela con los caramelos. Asegúrate de poner un poco de plastilina en los lados de las golosinas para que se peguen entre sí y además se adhieran al envase.

Esta y las dos actividades siguientes se pueden usar para crear una aldea global y ampliar los conocimientos culturales de los pequeños.

ACTIVIDADES ARTÍSTICAS

# Cabaña de troncos

**Materiales**
*Bastoncitos de pan*
*Plastilina*
*Cartulina*
*Cartulina rígida*

**Actividad**
Coloca dos bastoncitos de pan, paralelos entre sí, en una hoja de cartulina, «pegándolos» longitudinalmente con plastilina. Luego coloca otros dos bastoncitos encima de los anteriores y perpendiculares a los mismos, de tal modo que los extremos de los nuevos queden situados encima de las puntas de los dos primeros, formando un cuadrado. Pégalos con plastilina en los extremos. Sigue añadiendo bastoncitos de pan hasta que se agoten. (Las paredes deben tener una altura de seis bastoncitos.) Dobla un pedazo de cartulina rígida por la mitad. Ábrelo de nuevo y colócalo encima de la cabaña a modo de tejado.

Puedes ampliar los conocimientos históricos del niño contándole que la gente vivía en casas que se parecían a ésta, con la única diferencia de que los bastoncitos eran troncos de árbol y la plastilina era barro. Explícale que la gente añadía lodo entre los troncos para tapar las rendijas y resguardarse del frío en invierno. Dile que las cabañas eran mucho más grandes que la que habéis construido hoy. También se puede construir con ramitas, pero tienen que tener todas el mismo tamaño.

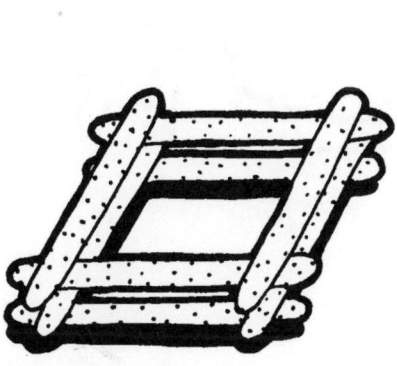
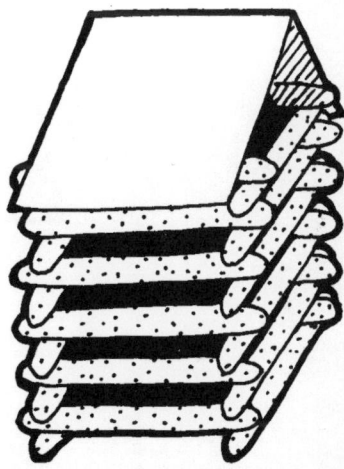

ACTIVIDADES ARTÍSTICAS

# tipis

**Materiales**

*Caja redonda de queso en porciones*
*Bastoncitos de pan*
*Plastilina*
*Cáscara de frutas*
*Cartulina*

**Actividad**

Completa los conocimientos culturales del pequeño contándole que los primeros pobladores de Norteamérica vivían en casas llamadas «tipis», que se parecían a la que vais a construir. Dile que los bastoncitos eran troncos de verdad, las cáscaras de fruta eran pieles de animales y los tipis eran mucho más grandes que el que estáis haciendo. Eran lo bastante espaciosos para que en su interior pudieran vivir varias personas.

Pega la caja de queso en porciones en una cartulina de unos 20 × 20 cm. Utiliza la plastilina para fijar los bastoncitos alrededor de la caja cilíndrica. Aplica un poco de plastilina en el extremo de cada bastoncito y colócalos inclinados, formando un ángulo, de tal modo que las puntas se toquen. A continuación, desenrolla las cáscaras de frutas y reviste el tipi, asegurándolas con un poco de plastilina.

ACTIVIDADES ARTÍSTICAS

# Vidriera de colores

**Materiales**
*Papel de calco
Cartulina
Rotuladores
    fluorescentes no
    tóxicos
Algodón
Aceite corporal
Pegamento de barra*

**Actividad**
Haz que tu hijo haga un dibujo en un trozo de papel de calco. Asegúrate de que llena toda la página. Mientras lo hace, recorta un «marco» para la vidriera doblando un trozo de cartulina del mismo tamaño que el papel de calco y cortando el interior, y dejando un reborde de unos 2,5 cm. Retira la cartulina. Cuando el pequeño haya terminado de usar los rotuladores para hacer el dibujo, ayúdale a aplicar un poco de aceite corporal en un algodón y a untarlo en el reverso del papel de calco. (Utilizar materiales inesperados, como aceite corporal, ayuda a desarrollar la creatividad de tu hijo al mostrar nuevos usos para determinados materiales.) A continuación, ayúdale a frotar la barra de pegamento en una cara del marco que has recortado, y a pegar el dibujo dentro. Deja secar el pegamento y pega el cuadro en una ventana soleada con cinta adhesiva. Cuando le dé el sol, esta preciosa vidriera parecerá de verdad.

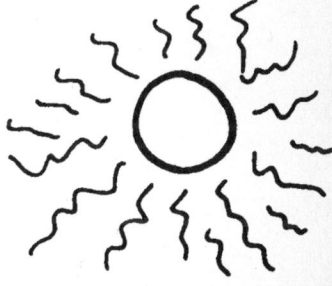

31

# Cuadro de verduras y frutas

**Materiales**
*Tres o cuatro frutas o verduras*
*Pintura espesa lavable*
*Cartulina*
*Periódico*

### Actividad

Existen muchas versiones de esta actividad, combinaciones todas ellas de varios colores, frutas y verduras. Intenta no utilizar una fruta o verdura que contenga mucha agua. Asegúrate de que el niño usa un delantal o ropa vieja mientras realiza la actividad y elige una cartulina de un color diferente al de la pintura. Usa verduras y frutas de diferentes texturas y formas. Por ejemplo, puedes utilizar una rodaja de patata, una rodaja de zanahoria o una manzana cortada por la mitad a lo ancho. Con la fruta en forma de estrella también resulta un bonito estampado. Puedes cortar la fruta de diferentes formas, como se indica en la ilustración.

Antes de empezar, pon una hoja de cartulina para que el niño la utilice como base para su obra, colocando varias hojas de periódico debajo de la cartulina para que absorban el exceso de pintura. Enséñale a mojar la fruta en la pintura y a aplicarla sobre la cartulina ejerciendo una ligera presión. Haced lo mismo con todas las verduras y frutas que tenéis preparadas.

# papel de regalo

**Materiales**
*Papel de periódico*
*Fruta en forma de estrella*
*Pintura espesa roja y verde, no tóxica*

**Actividad**
Este papel de envolver tan económico hará que vuestros regalos adquieran un gran valor, pues estará hecho por una persona muy especial: tu hijo.

Sigue las instrucciones de la actividad anterior. Utiliza grandes trozos de papel para que resulten más fáciles de pintar y sean más manejables a la hora de envolver los regalos. Usa sólo la mitad de la fruta en forma de estrella para cada color: una en el verde y la otra en el rojo. Deja secar las hojas y a continuación utilízalas para envolver regalos.

Puedes usar la misma técnica con diferentes frutas y colores apropiados para cada ocasión. Las patatas cortadas en forma de corazón, mojadas en pintura rosa o roja, están muy indicadas para decorar el papel del día de San Valentín o del día de la Madre.

ACTIVIDADES ARTÍSTICAS

## A fabricar una cámara

**Materiales**
*Cajita de colonia*
*Punzón*
*Pegamento*
*Cinta adhesiva de celofán*
*Cartulina roja*
*Tiza o pintura negra*

**Actividad**
Dile a tu hijo que coloree o pinte una caja de colonia vacía de color negro. Aplica cinta adhesiva de celofán en las aberturas. Practica un orificio en los dos lados de la caja para que el niño pueda ver a través de ellos. Dile que corte un pequeño círculo de cartulina y que lo pegue en la parte derecha de la cámara. Enséñale a sostener la cámara frente al ojo, a seleccionar lo que quiere fotografiar y a apretar el botón, diciendo: «clic». ¡Una sonrisa!

## Dibujos mágicos

**Materiales**
*Palitos de algodón*
*Zumo de limón*
*Papel blanco*
*Una bombilla*

**Actividad**
Dile a tu hijo que si lo desea, puede hacer dibujos mágicos, y que si bien al principio serán invisibles, luego le ayudarás a verlos. Sugiérele que haga un dibujo en un papel blanco con palitos de algodón humedecidos en zumo de limón. Acto seguido, cuéntale que sólo tú, un adulto, puede encargarse de la aparición del dibujo. Sostén el papel a escasos centímetros de una bombilla encendida. ¡Tu hijo se alegrará al ver su dibujo mágico! Tal vez le seduzca la idea de mandar un dibujo sorpresa, con instrucciones, a un pariente o un amigo.

# Dibujos misteriosos

**Materiales**
*Papel blanco*
*Lápices de colores*
*Pincel*
*Pintura negra*

**Actividad**
Pide a tu hijo que haga un dibujo con una lápiz de colores en el papel blanco. Si quiere que haya espacios en blanco, sugiérele que los pinte de blanco. Dile que para confeccionar este «dibujo misterioso» tan especial deberá colorear muy fuerte y cubrir de color toda la hoja. Cuando haya terminado, dile que aplique una fina capa pintura negra diluida sobre el dibujo. ¡Ahora el dibujo es misterioso!

Con pintura azul se puede simular un día de lluvia, y con pintura amarilla, un día soleado.

# tapiz

**Materiales**
*Bandeja de espuma de poliestireno*
*Hilo de bordar*
*Aguja de bordar*

**Actividad**
Enhebra la aguja antes de empezar la actividad con tu hijo. Utiliza una bandeja de espuma de poliestireno como las que se usan para colocar la carne y enseña a tu hijo a hacer un tapiz cosiendo en la bandeja. Al principio, sus dibujos serán simples garabatos, pero cuando aprenda la técnica, quizá prefiera dibujar primero en la bandeja y después coser las líneas.

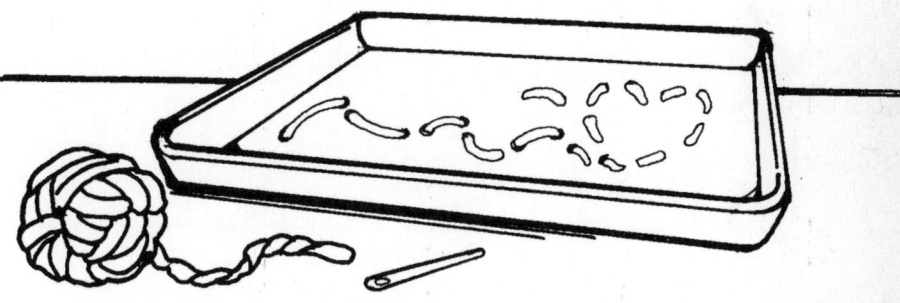

# Música y movimiento

| | |
|---|---|
| Introducción | 37 |
| ¿Cómo es la luna? | 38 |
| Dos cejas, dos ojos | 39 |
| Al corro chirimbolo | 40 |
| Los pajaritos | 41 |
| A-E-I-O-U | 42 |
| Mi instrumento de cuerda | 43 |
| Marchando con palillos de madera | 43 |
| ¡A saltar! | 44 |

# Introducción

La música y las actividades relacionadas con el movimiento como las que figuran en esta sección permiten a tu hijo sacar el máximo partido de su necesidad de moverse de un lado a otro en esta edad. Al moverse a propósito, no de un modo casual, entrena su cuerpo para que responda a los dictados de su mente, lo cual será cada vez más importante a medida que tenga que afrontar situaciones que requieran determinados comportamientos.

Cuando tu hijo de cuatro años queda expuesto a la música, empieza a incorporar el placer y la ciencia musical en su mundo cotidiano. Es una buena edad para que un niño empiece a tomar lecciones de música, antes de que se le ocurra pensar que componer e interpretar música es algo muy misterioso que sólo pueden hacer unas pocas personas. Todo el mundo, hasta cierto punto, puede crear y disfrutar de la música si se le expone a ella a una edad temprana. Anima al pequeño a aprender y expresar sus intereses musicales. ¿Quién sabe? Tal vez tengas ante ti a un futuro Beethoven.

He aquí otros dos de los múltiples beneficios derivados de las actividades de «Música y movimiento»: poemas tales como «Dos cejas, dos ojos» y «Los pajaritos» contribuyen a incrementar en el niño la conciencia de su propio cuerpo y de su propia imagen, mientras que otros, como «¿Cómo es la luna?» y «A-E-I-O-U», prepararán a tu hijo para actividades posteriores con números y letras. ¡A gozar!

# ¿Cómo es la luna?

**Materiales**

*Letra del poema «¿Cómo es la luna?»*

### Actividad

La representación de este tipo de poemas ayuda a desarrollar la memoria y un sentido de la secuencia, además de algunos conceptos y referencias anatómicas. Las investigaciones han demostrado que cuando las palabras se acompañan de acciones, la memorización es más rápida y prolongada.

Siéntate en el suelo con la espalda recta, las rodillas flexionadas, los pies apoyados en el suelo, frente a ti, y los puños cerrados a los costados. Dile a tu hijo que se siente junto a ti, en la misma posición, y enséñale estos versos y acciones.

### ¿Cómo es la luna?

Los movimientos se deben realizar continuamente durante cada verso.

Verso 1: Cómo es la luna, redonda, redonda como una bola, como una ronda.

*Acción: Sube y baja un puño lateralmente, flexionando el codo.*

Verso 2: Cómo es la luna, chiquita y bonita, también me alumbra, media lunita.

*Acción: Sube y baja los dos puños, lateralmente.*

Verso 3: Yo no sé, yo no sé, de dónde viene, adónde va, yo no sé, yo no sé, pero mamita me lo dirá.

*Acción: Sube y baja los dos puños, lateralmente, y sube y baja un pie frente a ti.*

Verso 4: Cómo es la luna, redonda, redonda como una bola, como una ronda.

*Acción: Sube y baja los dos puños y los dos pies.*

Verso 5: Cómo es la luna, chiquita y bonita, también me alumbra, media lunita.

*Acción: Sube y baja los dos puños y los dos pies, y asiente con la cabeza, arriba y abajo.*

# Dos cejas, dos ojos

**Materiales**
*Letra del poema «Dos cejas, dos ojos»*

**Actividad**
Enseña a tu hijo el texto y los movimientos de este poema colocándote frente a él y haciéndolos tú también. Ayúdale a aprender los versos y anímale constantemente.

**Dos cejas, dos ojos**
Dos cejas, dos ojos *(tócate las cejas y los ojos con un dedo)*,
dos orejas y una nariz *(tócate las orejas y la nariz)*,
pero hay que usar la cabeza *(tócate la cabeza)*
si quiero ser feliz *(tócate el corazón)*,
pero hay que usar la cabeza *(tócate la cabeza)*
si quiero ser feliz *(tócate el corazón)*.

Dos brazos, dos piernas *(agáchate y tócate las piernas)*
y una boca para comer *(tócate la boca con un dedo)*,
pero hay que usar la cabeza *(tócate la cabeza)*
si quiero ser feliz *(tócate el corazón)*,
pero hay que usar la cabeza *(tócate la cabeza)*
si quiero ser feliz *(tócate el corazón)*.

MÚSICA Y MOVIMIENTO

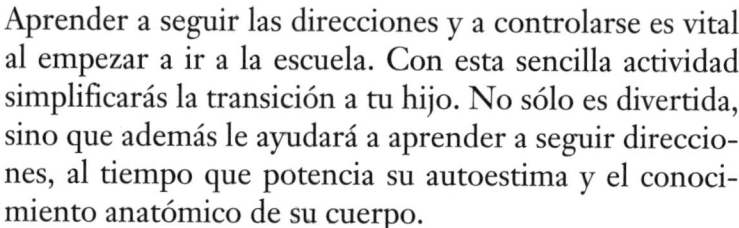

## Materiales
*Letra del poema «Al corro chirimbolo»*

### Actividad

Aprender a seguir las direcciones y a controlarse es vital al empezar a ir a la escuela. Con esta sencilla actividad simplificarás la transición a tu hijo. No sólo es divertida, sino que además le ayudará a aprender a seguir direcciones, al tiempo que potencia su autoestima y el conocimiento anatómico de su cuerpo.

Poneos de pie y dile al niño que repita tus movimientos.

### Al corro chirimbolo

Al corro chirimbolo *(salta con los dos pies)*,
¡qué bonito es! *(salta con un pie)*.
Un pie, otro pie *(salta alternando los pies)*,
una mano, otra mano *(salta con los dos pies y da palmadas con las manos sobre la cabeza)*,
un codo, otro codo *(salta con un pie y extiende los codos lateralmente)*,
la nariz y el morro. *(Salta alternando los pies y tócate la nariz.)*
Una oreja, otra oreja *(salta con los dos pies y tócate las orejas)*
y el culo de una vieja. *(Salta con un pie y da palmadas en el culo.)*

Cuando el niño haya aprendido de memoria los movimientos, deja que sea él quien te dirija. ¡A divertirse tocan!

# Los pajaritos

**Materiales**
*Letra del poema «Los pajaritos»*

**Actividad**
He aquí otro poema que hará las delicias de tu hijo. ¡Reconoce muchas partes de su cuerpo y las señala mientras recita estos versos! Se puede hacer de pie o sentado, ¡incluso en el coche! Usa las manos para realizar el movimiento indicado a medida que vas recitando el poema.

**Los pajaritos**

Los pajaritos que van por el aire
(pon *las manos en la cabeza*)
vuelan, vuelan, vuelan, vuelan, vuelan.
(*Pon las manos en los hombros.*)
Los pececitos que van por el agua
(pon *las manos en la cara*)
nadan, nadan, nadan, nadan, nadan.
(*Pon las manos en las caderas.*)

Los caballitos que van por el monte
(pon *las manos en los muslos*)
trotan, trotan, trotan, trotan, trotan.
(*Pon las manos en las rodillas.*)
Las gallinitas que están en el corral
(pon *las manos en los pies*)
pican, pican, pican, pican, pican.
(*Salta cinco veces y da cinco palmadas.*)

# A-E-I-O-U

**Materiales**

*Letra del poema «A-E-I-O-U»*

**Actividad**

A tu hijo le encantará este poema escolar de las cinco vocales. Anímale a recitarlo y a identificar las letras en cualquier cuento infantil.

**A-E-I-O-U**

Había una escuela en la que vivían las cinco vocales:
A-E-I-O-U — A-E-I-O-U — A-E-I-O-U.

Había una escuela en la que vivían las cinco vocales:
*palmada* E-I-O-U — *palmada* E-I-O-U — *palmada* E-I-O-U.

Había una escuela en la que vivían las cinco vocales:
*palmada palmada* I-O-U — *palmada palmada* I-O-U — *palmada palmada* I-O-U.

Había una escuela en la que vivían las cinco vocales:
*palmada palmada palmada* O-U — *palmada palmada palmada* O-U — *palmada palmada palmada* O-U.

Había una escuela en la que vivían las cinco vocales:
*palmada palmada palmada palmada* U — *palmada palmada palmada palmada* U — *palmada palmada palmada palmada* U.

Había una escuela en la que vivían las cinco vocales:
*palmada palmada palmada palmada palmada palmada palmada palmada palmada palmada palmada palmada palmada palmada palmada.*

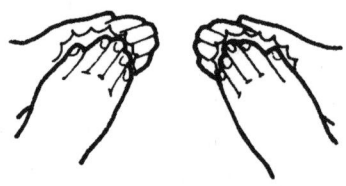

# Mi instrumento de cuerda

**Materiales**
*Caja pequeña
Aros de goma
Cierre de plástico
(de los que se usan
para cerrar las
bolsas de pan de
molde)*

**Actividad**
Ayuda a tu hijo a quitar la tapa de la caja y luego a ensartar los aros de goma para formar las «cuerdas» de una guitarra en el espacio abierto superior. Si utilizas seis aros de difente longitud y grosor, el niño podrá arrancar sonidos diferentes de su instrumento.

Hay tres formas de tocar este instrumento. La primera consiste en enseñar al pequeño a «pinzar» las cuerdas con el pulgar y el índice. La segunda, en enseñarle a rasguerlas con los dedos juntos y arrastrando las uñas sobre las cuerdas. Anímale a intentarlo. Por último, le puedes enseñar a «pulsar» las cuerdas sujetando el cierre de plástico (o una púa de guitarra si la tienes) entre el pulgar y el índice, con la cara lisa hacia abajo, y arrastrándola por las cuerdas. Anímale también a probar con este método. Luego deja que el niño interprete su propia música, explorando todas las formas de tocar su instrumento de cuerda. ¡Elogia siempre sus composiciones magistrales!

# Marchando con palillos de madera

**Materiales**
*Música de marcha
Reproductor de CD
o casete
Cucharas de madera*

**Actividad**
Sugiere a tu hijo que desfile al son de la música. Cuando se haya acostumbrado a seguir el ritmo, dale los palillos (o cucharas de madera) y enséñale a marchar sosteniendo los palillos al frente, con los brazos extendidos, y golpeándolos al ritmo de la música. ¡Disfruta del minidesfile!

# ¡A saltar!

**Materiales**
*Cronómetro*

 **Actividad**

En un área despejada, traza una línea de salida y otra de llegada. Bastará con unos cinco metros de distancia. Si el niño sabe saltar, continúa con esta actividad, y si no, ¡no te alarmes! Son capacidades motrices que están en proceso de desarrollo. Practícalas, pero complementando la actividad con cosas que sepa hacer, como por ejemplo andar hacia atrás.

Cronometra el tiempo que tarda en recorrer la distancia saltando con un pie. Luego haz lo mismo con el otro pie. Y por último, sugiérele que lo haga saltando con los dos pies al mismo tiempo. Dile con qué método ha conseguido el mejor tiempo y anímale a que lo intente de nuevo con el fin de hacerlo más deprisa y batir su marca anterior. Recuerda que el objetivo de esta actividad consiste en divertirse, practicar estas importantes técnicas de movimiento e intentar batir sus propias marcas. Si juega con un amigo, no cronometres las carreras. ¡No hay que competir, sino pasarlo en grande!

# juegos sensomotrices

| | |
|---|---|
| Introducción | 46 |
| Lluvia de arena | 47 |
| Lluvia de colores | 47 |
| Bajo llave | 48 |
| Bolos | 49 |
| Rueda de color | 50 |
| Plastilina | 51 |
| Trazos animados | 52 |
| Tijeras artísticas | 52 |

# Introducción

Las actividades de este capítulo se centran en el desarrollo de los sentidos, así como en el perfeccionamiento de las capacidades motrices. A esta edad, los niños disfrutan mucho descubriendo y mejorando sus habilidades. Se sienten especialmente satisfechos cuando ven que son capaces de perfeccionar sus destrezas, mejorando progresivamente en sus desafíos físicos. Muchas de las actividades de esta sección ayudarán a tu hijo a desarrollar la coordinación mano-ojo, esencial para llevar a cabo actividades más complejas y tareas académicas. Además, actividades tales como «Lluvia de arena» y «Lluvia de colores» contribuyen a la comprensión del concepto de la conservación de la materia, pues permiten al niño visualizar cómo cambia la materia en función del tamaño y forma de su envase.

Recuerda que, para los niños de esta edad, el trabajo, el juego y el aprendizaje son actividades inseparables.

Tomando conciencia y destacando tus propias percepciones sensoriales puedes favorecer el desarrollo sensorial del pequeño. Muéstrate sensible a sus primeras reacciones sensoriales, que modelarán su comportamiento.

## Lluvia de arena

**Materiales**
*Embudo*
*Dos vasos grandes de plástico*
*Cajón de arena*

**Actividad**
Esta actividad se debe realizar en un cajón de arena. El cajón evitará el desorden y la actividad resultará más divertida. Demuestra y ayuda a tu hijo a colocar el embudo en uno de los vasos. (Al principio, algunos niños prefieren jarras transparentes y pequeñas.) A continuación, echa un poco de arena seca en el otro vaso y viértela lentamente en el embudo. Retira el embudo y colócalo en el vaso vacío. Vierte la arena. Anima a tu hijo a hacer lo mismo, pasando la arena de un vaso a otro varias veces.

Si utilizas vasos o jarras de distintos tamaños y formas, el niño empezará a comprender la idea de que la misma cantidad de una sustancia parece otra cantidad diferente en un contenedor de otro tamaño.

## Lluvia de colores

**Materiales**
*Embudo*
*Jarras transparentes de plástico*
*Colorante para alimentos*
*Agua*

**Actividad**
Ayuda a tu hijo a colorear el agua añadiendo colorante para alimentos en media jarra de líquido. Observad cómo cambia el color del agua a medida que el colorante impregna el líquido. A continuación, coloca el embudo en la jarra vacía. Enséñale a verter el líquido en el embudo. El pequeño se divertirá pasando el agua de una jarra a otra.

# Bajo llave

**Materiales**
*Varios candados*
*Llaves de los candados*
*Llavero*
*Caja de plástico*

**Actividad**
Empieza con tres candados (pequeño, mediano y grande) en un llavero. Enséñale a probar diferentes llaves hasta que una abra el candado, a abrir los candados y a sacarlos del llavero. Luego, enséñale a cerrarlos de nuevo en el llavero.

No le expliques que una llave que funciona en un candado no abrirá los otros; deja que tu hijo lo descubra. Mientras el pequeño se divierte abriendo y cerrando los candados, desarrollará la lógica y aprenderá a resolver situaciones complejas.

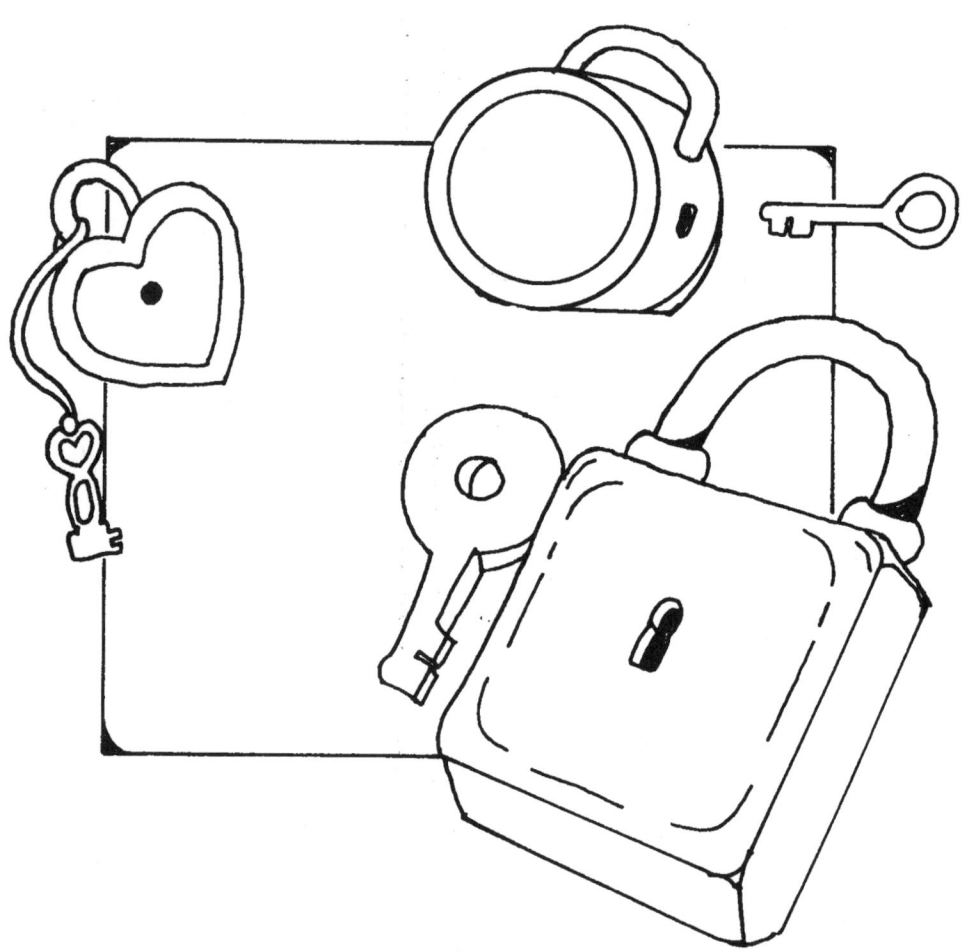

# Bolos

**Materiales**
*Pelota*
*6 botellas de plástico de dos litros*

**Actividad**
Con este divertido juego tu hijo aprenderá el valor del ocio al tiempo que mejora su coordinación. Se puede jugar en casa, en una superficie sin alfombras, o al aire libre, si no hace viento.

Enseña a tu hijo a colocar las botellas de distintas formas. Contad las botellas en voz alta. Enséñale a retroceder un poco y a lanzar la bola hacia las botellas. Explícale que el objetivo del juego es derribar las botellas. Podéis poner en pie de nuevo las botellas después de cada lanzamiento o tratar de derribarlas todas poco a poco. (La segunda forma de jugar es más difícil y es preferible introducirla cuando haya adquirido un poco de práctica.) Anima al niño a conseguir el objetivo una y otra vez, y plantéale nuevos retos alejando las botellas cada vez más. Este juego te brinda la oportunidad de enseñarle que va mejorando con la práctica. Comentarios como: «¡La última vez derribaste dos y ahora cuatro! Lo estás haciendo muy bien», son buenos para potenciar su autoestima.

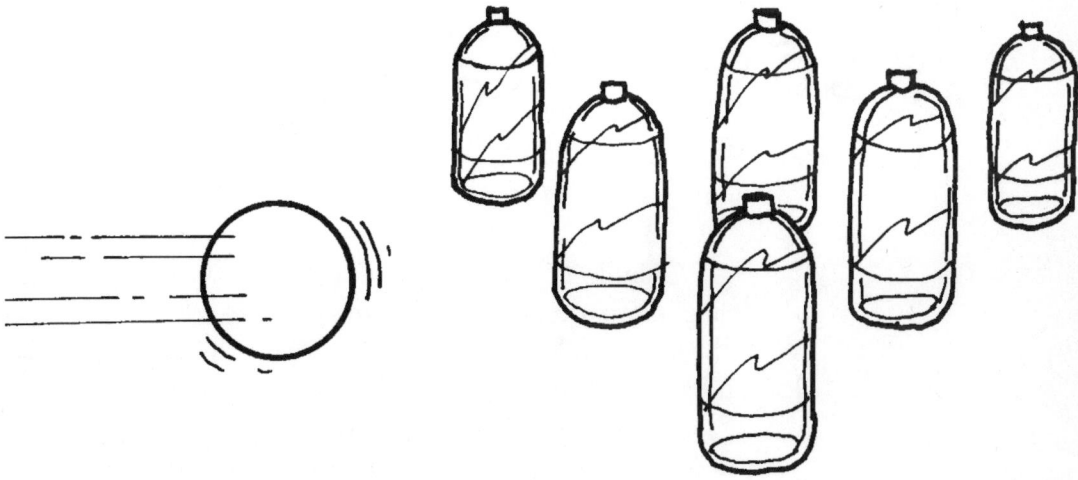

JUEGOS SENSOMOTRICES

# Rueda de color

**Materiales**
*Plato de papel*
*Juego de pinturas*
*Pincel*
*6 pinzas para tender la ropa*

**Actividad**

Esta actividad no sólo es divertida, sino que además constituye una labor de aprendizaje que se puede realizar una y otra vez.

En primer lugar, marca seis pequeños círculos o cuadraditos del mismo tamaño en el borde de un plato de papel en las siguientes posiciones horarias: 2:00, 4:00, 6:00, 8:00, 10:00 y 12:00. Enseña al niño a pintar los círculos de la siguiente forma: 2:00 = rojo, 4:00 = anaranjado, 6:00 = amarillo, 8:00 = verde, 10:00 = azul y 12:00 = violeta.

Dile a tu hijo que pinte las dos caras de cada pinza. Utilizad un color diferente para cada una. De este modo tendréis una pinza para cada circulito del plato.

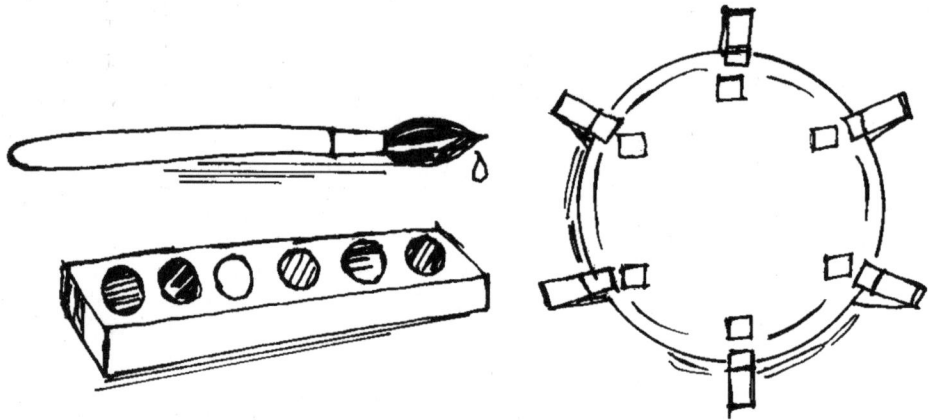

Cuando la pintura esté seca, enseña a tu hijo a pinzar en el plato, de manera que cada pinza se corresponda con el círculo del mismo color. Anima al niño a retirar las pinzas y a colocarlas de nuevo en el lugar correcto.

Además de trabajar los músculos de la mano y de los dedos al abrir las pinzas, esta actividad muestra la relación entre los colores primarios (rojo, azul y verde) y los secundarios (violeta, verde y anaranjado), y sigue el diseño de un arco iris.

JUEGOS SENSOMOTRICES

# plastilina

## Materiales
*Harina*
*Sal*
*Agua*
*Bol*
*Cuchara de plástico*
*Tapete de plástico o papel de cera*
*Moldes de figuritas infantiles*
*Camiseta vieja*
*Envase de plástico*
*Rodillo pastelero (opcional)*
*Colorante para alimentos (opcional)*

### Actividad
Dile a tu hijo que te ayude a mezclar los ingredientes. Al principio, utiliza una cuchara de madera, y después trabaja con las manos hasta conseguir una pasta suave. Háblale al niño de la plastilina que estáis elaborando con palabras nuevas, tales como suave, pegajoso y amasar. Una vez elaborada la plastilina, enséñale a transformarla en una «serpiente» utilizando la palma de la mano y una superficie lisa. Enséñale a hacer bolitas frotando la plastilina entre las palmas de las manos e investigad diseñando criaturas humanas y no humanas. ¡Sed creativos! Es posible que a tu pequeño le entusiasmen los dinosaurios y quiera crear su propio tiranosaurio rex. ¡Anímale a experimentar!

Durante la misma sesión, u otro día, enseña a tu hijo a extender la plastilina con un rodillo pastelero y a alisar un trozo grande con las manos. Enséñale a usar los moldes para hacer formas que parezcan galletas.

### Receta de la plastilina
2 vasos (480 ml) de harina
1 vaso (240 ml) de sal
$3/4$ de vaso (155 ml) de agua
Unas cuantas gotas de colorante para alimentos

Puedes guardar la plastilina en el frigorífico. Por lo demás, todos los ingredientes son comestibles y por lo tanto no perjudicarán al niño si come un poco.

JUEGOS SENSOMOTRICES

# trazos animados

**Materiales**
*Tiras de papel*
*Rotulador oscuro*
*Tiza gruesa de color oscuro*

**Actividad**
Dibuja varios tipos de líneas a lo largo de las tiras de papel. Al principio, dibuja líneas rectas, después en zigzag, y finalmente curvas. Enseña al niño a trazar las líneas, siempre de izquierda a derecha. Cuando domine esta técnica estará preparado para las «Tijeras artísticas».

# tijeras artísticas

**Materiales**
*Tiras de papel*
*Rotulador de color oscuro*
*Tijeras sin punta*

**Actividad**
Utilizando el resultado de la actividad anterior, corta las líneas que habéis dibujado, empezando por las rectas y aumentando la dificultad a medida que el niño vaya cogiendo práctica. Recuerda que debe cortar de izquierda a derecha, pues es fundamental para aprender a leer y escribir. Asimismo, podéis añadir las tiras a la bolsa para el collage del capítulo de Actividades artísticas de este libro.

# Diversión preescolar

| | |
|---|---|
| Introducción | 54 |
| Clasificación de frutos secos | 55 |
| Diversión magnética | 56 |
| Parejas de cartas | 57 |
| Clasificación de animales | 57 |
| Experimento con el lenguaje | 58 |
| Clasificación de utensilios | 58 |
| A escribir en la arena | 59 |

# Introducción

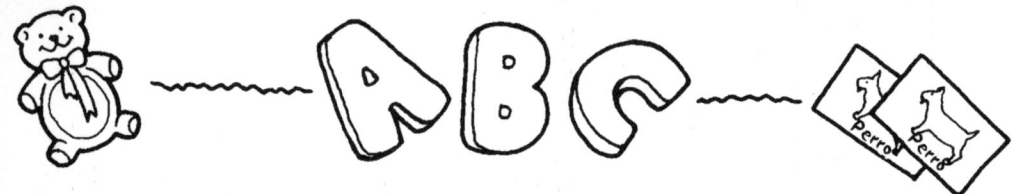

Todas las actividades expuestas en este libro contribuyen al desarrollo del niño, así como a su preparación para la escuela, pero las tareas de este capítulo están diseñadas especialmente al desarrollo de una buena predisposición hacia la vida académica, pues instruyen en tareas que constituyen requisitos previos para el desarrollo y comprensión escolar. Asimismo, le ayudarán en la resolución de problemas y a ser un alumno observador.

No falta mucho para que tu hijo empiece la educación formal. Ya no estaréis todo el día juntos. Este libro quiere animarte a pasar todo el tiempo posible con el pequeño, a que se divierta y aprenda al unísono. Aprenderá más si respaldas y satisfaces su demanda de conocimiento. Aunque todas las actividades de esta sección están pensadas para la preparación preescolar, lo mejor que puedes hacer con tu pequeño es leer. Léele en voz alta, escuchad cuentos juntos y anímale a que sea el quien te «lea» algún cuento infantil, aunque prefiera inventarse las historias siguiendo las ilustraciones. Estas experiencias preparan el camino hacia la lectura. Enséñale a amarla. ¡A leer!

# Clasificación de frutos secos

**Materiales**
*Frutos secos pelados*
*Envase*
*Fuente con tres divisiones (opcional)*

**Actividad**
Los ejercicios de clasificación desarrollan la discriminación visual y el sentido de la lógica, ambos necesarios para innumerables quehaceres escolares. Cuando tu hijo se acostumbre a clasificar frutos secos, deja que clasifique otras cosas, tales como botones o legumbres.

Siéntate con el niño frente a un bol de frutos secos mezclados. Podéis empezar con cuatro o cinco piezas de cada fruto. Coge uno y explícale que algunos de los restantes son iguales, pero no todos. Colocadlo en una de las divisiones de la fuente. Anímale a buscar frutos iguales. Si encuentra alguno distinto ponedlo en otra división, haciendo hincapié en la diferencia. Que lo haga con todos los frutos hasta que consiga clasificarlos todos.

Para mayor diversión, después de clasificar, partid y probad cada fruto para que se dé cuenta de que además de ser diferentes también saben distinto.

# Diversión magnética

**Materiales**

*Imán*

*Objetos metálicos (llaves, cerrojos, etc.)*

*Objetos no metálicos (papel, juguetes de plástico, etc.)*

**Actividad**

Este sencillo experimento científico sirve para que tu hijo empiece a extraer conclusiones, algo esencial en muchas asignaturas escolares.

Si el pequeño aún no está familiarizado con los imanes, muéstrale el imán con el que vais a trabajar y explícale para qué sirve. Cuéntale que algunas cosas se adhieren a los imanes, y los imanes se adhieren a algunas cosas, pero no todo. Anímale a experimentar con los imanes y los objetos que habéis reunido, para ver cuáles se adhieren al imán. Introduce la idea de que el imán atrae a algunos objetos, pero no a otros. Asimismo, algunos objetos atraen el imán y otros no. Si te pregunta por qué, dile que el imán sólo atrae aquellas cosas que están hechas de metal.

Buscad otros enseres domésticos o juguetes que sean magnéticos, ¡será divertido! No obstante, debes explicarle que los imanes pueden dañar un televisor, un reloj o una pantalla de ordenador.

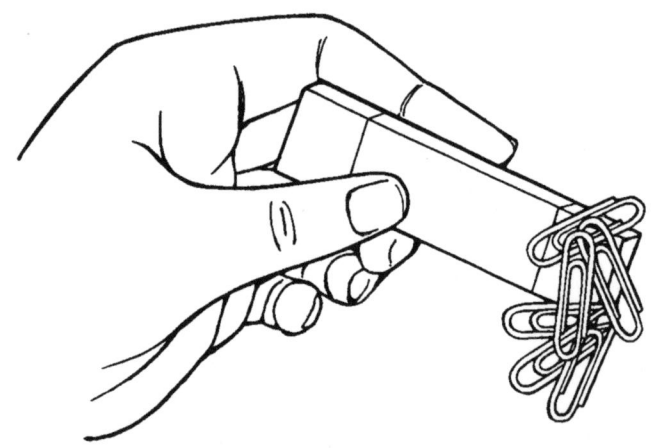

# parejas de cartas

**Materiales**
*Fichas*
*Rotulador*
*Fotografías de una revista*
*Tijeras*
*Adhesivo*

**Actividad**
Para ayudar a tu hijo a desarrollar su discriminación visual, confecciona seis cartas con tres parejas de fotografías. El niño puede ayudarte. También puedes escribir en las cartas el nombre del objeto que aparece en las fotografías. Esto permitirá al pequeño tener una imagen mental de la palabra, un paso más en el proceso de aprendizaje de la lectura.

Distribuye las cartas, boca arriba, frente a tu hijo. Sostén una carta y pídele que busque otra igual. Cuando haya encontrado la pareja, dile que las ponga a un lado. Repetid el proceso hasta que todas las cartas estén por parejas. Cuando el niño domine el juego, añade más parejas. También puedes poner más de dos cartas del mismo objeto y pedirle que las clasifique.

# Clasificación de animales

**Materiales**
*10-20 animales de peluche*

**Actividad**
Amontonad todos los animales de peluche del niño. Comentad cómo son, en qué se parecen y en qué se diferencian. ¿Cuáles son marrones? ¿Cuáles son suaves? ¿Cuál podría ser un animal de compañía? Una buena manera de empezar consiste en agruparlos por tamaños (pequeños, medianos y grandes).

Ayuda a tu hijo a clasificarlos. Por ejemplo: «Vamos a poner los grandes en el sofá y los pequeños en una silla». Esta actividad contribuirá al desarrollo del sentido de la lógica del niño mientras se divierte. ¿Quién sabe? ¡Puede que incluso ayude a rescatar animales y devolverlos a su lugar de origen en el futuro!

# Experimento con el lenguaje

**Materiales**
*Papel*
*Bolígrafo*
*Tizas*
*Grapadora*

**Actividad**
Ésta es una actividad ideal para realizar un día especial, como por ejemplo, una fiesta de cumpleaños, una excursión al zoo o una comida en casa de la abuela. Dile a tu hijo que vais a escribir una historia sobre el día especial. Intenta que invente la mayor parte de la historia mientras tú la escribes. Divide el relato en diferentes páginas mientras vas escribiendo, de manera que haya dos o tres frases en cada hoja. Cuando el pequeño haya terminado, léele su historia.

Anímale a ilustrar las páginas y elógiale su habilidad creativa. «¡Has contado tan bien la historia que va a ser un cuento precioso! Estoy segura de que todo el mundo querrá leerlo y ver tus bonitos dibujos.» Cuando haya dibujado todas las páginas, grápalas. Tendrá un nuevo cuento para contar, escrito por el autor favorito de tu hijo: él mismo.

# Clasificación de utensilios

**Materiales**
*Cucharas*
*Tenedores*
*Cuchillos de punta roma*
*Cubertero*

**Actividad**
Esta actividad tan divertida puede aligerar a los mayores el trabajo y a la vez hacer sentirse mayores a los pequeños. Cuando vacíes el lavavajillas pide a tu hijo que se ocupe de los cubiertos. (Asegúrate de retirar cualquier cosa puntiaguda o afilada.) Usando el cubertero, el niño puede sentarse a la mesa y clasificarlos. Así, además de ordenar la cubertería, cogerá práctica clasificando: ¡una habilidad matemática!

# A escribir en la arena

**Materiales**
*2 fuentes de plástico*
*Arena*

**Actividad**
Escribir en la arena es más fácil que hacerlo en un papel y ejercita la mano y los ojos para la escritura en general. También es un modo de practicar escribiendo el alfabeto y haciendo dibujos. Sólo es necesario proporcionarle una bandeja llena hasta la mitad de arena y enseñarle a escribir con el dedo índice. Empieza dibujando un círculo y anima a tu hijo a hacer lo mismo en su fuente. (No te preocupes si tu hijo hace garabatos en la arena con las manos durante algunas actividades de aprendizaje de escritura como ésta. Es normal.)

Poco a poco, ve complicando las formas, y a continuación escribe letras mayúsculas para que el niño las copie. Deja que mire tu ejemplo al dibujar sus formas o escribir sus letras. Si te ayuda, ve paso a paso para que vaya copiando cada uno de tus movimientos.

| Progresión de la escritura en la arena | |
|---|---|
| ✔ + (signo de adición) | ✔ letras curvas (C, G, J) |
| ✔ △ triángulo | ✔ letras rectas (T, I, L, X) |
| ✔ □ cuadrado | ✔ otras letras mayúsculas |

Deja siempre que tu hijo tome la iniciativa de dibujar formas para que tú las copies. Para variar, inténtalo también con café, sal, arroz o harina en lugar de arena. Asimismo, es bueno utilizar una fuente grande. De este modo, tu hijo puede practicar escribiendo varias letras o símbolos a la vez.

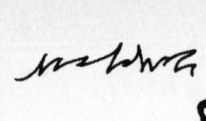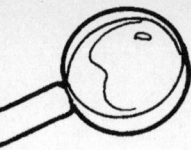

# Actividades en la naturaleza

| | |
|---|---|
| Introducción | 61 |
| Lupa | 62 |
| A clasificar hojas | 62 |
| A sembrar semillas | 63 |
| A plantar flores | 64 |
| El nacimiento de una mariposa | 65 |

# Introducción

A la mayoría de niños les fascina la naturaleza. Por esta razón, las actividades de este capítulo intensifican su comprensión de la naturaleza, al tiempo que amplían sus conocimientos científicos. Mientras aprenden la causa de ciertos procesos naturales, como el crecimiento de una flor o el devenir de una mariposa, estas actividades mostrarán al pequeño cómo el ciclo de la naturaleza está en constante transformación. Contribuirán a su comprensión del hecho que el mundo está en constante evolución. El conocimiento de la naturaleza hará que el niño la respete y aprecie, y que lleve una vida de pacífica coexistencia interactuando con las plantas, los animales y otros fenómenos naturales.

Puedes empezar con las actividades de cultivo. Si el pequeño se divierte cultivando cosas, ¿por qué no ayudarle a crear un jardincito de flores, frutas o verduras? Si le gusta «A clasificar hojas», ¿por qué no clasificar otras cosas de la naturaleza? Y si disfruta con «El nacimiento de una mariposa», intenta localizar un nido de pájaros para verlo con unos binoculares.

# Lupa

**Materiales**
*Lupa de plástico*
*Insectos*
*Hojas*

**Actividad**
Salid fuera y ayuda al pequeño a encontrar un insecto para verlo con la lupa. Mueve la lupa lentamente siguiendo el movimiento del insecto. ¡Y si el insecto sale volando!, podéis dedicaros a observar hojas. Introduce las ideas de «grande/más grande que» y «pequeño/más pequeño que» cuando esté mirando. Anímale a que te cuente qué otras cosas está viendo. Asimismo, introduce las palabras «insecto» y «lupa»; a los niños de esta edad les gusta conocer el nombre real de las cosas.

# A clasificar hojas

**Materiales**
*Hojas*
*Papel (opcional)*
*Adhesivo (opcional)*

**Actividad**
Esta actividad es muy beneficiosa, porque clasificar desarrolla la lógica y ayuda en la preparación de los niños para aprender a leer y a entender las matemáticas al tomar conciencia de las similitudes y las diferencias.

Salid a la calle y recoged algunas hojas —entre 10 y 20—. Si el tiempo lo permite, podéis hacer la clasificación al aire libre; si no, hacedlo en casa. Anima a tu hijo a hablar de las hojas que habéis encontrado. Si duda, formúlale preguntas tales como: «¿De qué color es?» o «¿Tienes una hoja muy grande?». Después, pregúntale cosas como: «¿Puedes encontrar más hojas del mismo color?». Deja que el niño agrupe las hojas en función de determinadas características (color, tamaño, etc.).

Puedes ampliar esta actividad pegando algunos de los grupos de hojas en un papel.

ACTIVIDADES EN LA NATURALEZA

# A sembrar semillas

**Materiales**
*Semillas de trigo*
*Acuario vacío u otro recipiente transparente*
*Tierra*

**Actividad**
Sembrar semillas permite a tu hijo saber qué sucede en la superficie de la tierra o debajo de ella cuando crece una planta.

Ayuda al niño a llenar el acuario (u otro recipiente de plástico) con 10 cm de tierra. Haced hoyitos de unos 3 cm en la tierra, cerca de la pared del acuario, a una distancia aproximada de 8 cm, a lo largo de un lateral del recipiente. Echad las semillas en cada hoyuelo. A continuación, regad el acuario con suficiente agua para que quede bien empapado, colocadlo en una ventana soleada y regadlo dos veces al día. Explícale que la tierra del acuario es como la superficie de la Tierra y que, en este caso, podemos ver (a través del cristal o del plástico) lo que sucede debajo de ella.

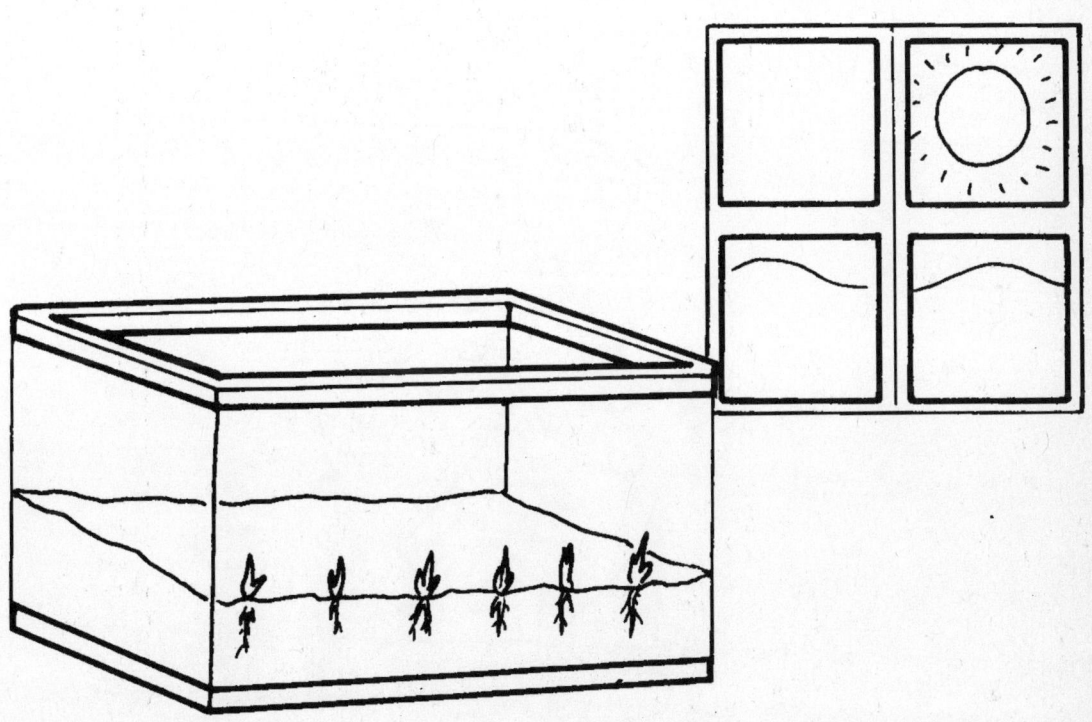

# A plantar flores

**Materiales**
*Flores pequeñas*
*Paleta pequeña*
*Sitio para plantar*

**Actividad**

Los niños pueden evolucionar espiritual e intelectualmente viendo cómo crecen otros seres vivos. Coge entre tres y cinco flores pequeñas, tales como caléndulas o zinnias, y deja que tu hijo tenga la maravillosa oportunidad de cultivar y cuidar las flores.

Ayuda al niño a cavar un hoyo un poquito más grande de la tierra que contiene las raíces de la plana. Coloca la planta en el hoyo. Una vez plantadas todas las flores, ayuda al pequeño a regarlas generosamente. Hay que regarlas a diario para mantener la tierra húmeda. Es un trabajo fantástico para un niño de cuatro años. Cuando las flores sean lo bastante grandes, deja que el niño decida si quiere arrancarlas y cuándo.

# El nacimiento de una mariposa

**Materiales**

*Frasco con tapa*
*Oruga o rama con un capullo pegado*

**Actividad**

Observar cómo una mariposa sale de su capullo es una experiencia increíble para un niño de esta edad. La parte más complicada para ti será encontrar el capullo. Un consejo: busca una oruga, aliméntala y observa cómo confecciona el capullo.

Encierra la oruga o el capullo en un frasco, agujereando la tapa. Dile a tu hijo que la fase de «capullo» es como una fase de sueño, y que por lo tanto el frasco debe permanecer inmóvil. Explícale que deben suceder cuatro cosas para que se convierta en una mariposa:

1. Una mariposa pone huevos, de los que salen...
2. orugas, que deben comer mucho y que después se transforman en...
3. capullos, donde dormirán mientras se preparan para ser...
4. ¡mariposas!

Asegúrate de explicarle paso a paso lo que va sucediendo. En el estadio de oruga, este animal necesita mucho espacio para arrastrarse y comer hojas. Asimismo, cuando la mariposa sale del capullo, habrá que liberarla para que pueda volar.

Anima a tu hijo a observar el frasco un par de veces al día para ver si ha pasado algo. Para agilizar la espera, puede dibujar las cuatro fases del ciclo vital de una mariposa.

# Lejos de casa

| | |
|---|---|
| Introducción | 67 |
| Primera parte: En coche | |
| *En el auto de papá* | 68 |
| *La bolsa misteriosa* | 69 |
| Segunda parte: En el restaurante | |
| *Los colores de la comida* | 70 |
| *Veo, veo* | 70 |
| *Los nombres y los colores de la comida* | 71 |
| *Letras y números* | 72 |

# Introducción

Estar lejos de casa puede representar una gran oportunidad para los niños y para los padres. La clave para que todos estéis contentos consiste en planificar y hacer actividades como las que se sugieren en este capítulo. Estas actividades son ideales para los viajes y para ir al restaurante. Como ya se mencionó al principio del libro, los niños han de comprender qué comportamientos son apropiados en cada situación. Las actividades de esta sección le ayudarán a aprender maneras constructivas de pasar el tiempo y de consumir energía en diferentes escenarios. Con este tipo de actividades, ¡la diversión está asegurada!

En la primera parte («En coche») se incluye la canción «En el auto de papá». Es sólo una de las muchas que se pueden cantar en un coche. Cantar repetidamente una canción contribuye al desarrollo de la memoria de los niños y el sentido del orden lógico. «La bolsa misteriosa» es una actividad más tranquila que proporcionará a tu hijo una mayor diversión; está diseñada para que se entretenga durante el viaje.

Las actividades para llevar a cabo en el restaurante pueden marcar la diferencia entre una comida estresante y «un rato agradable en familia.» La combinación de actividades individuales, tales como «Los colores de la comida» y actividades de grupo, como «Veo, veo», potencian el juego en equipo del niño y le enseñan a entretenerse solo.

# En el auto de papá

**Materiales**
*Letra de la canción*

**Actividad**
Cantar canciones una y otra vez desarrolla la memoria del pequeño al tiempo que potencia su sentido del orden lógico. Cuando el pequeño haya aprendido las estrofas, anímale a inventar más versos con tu ayuda. Se sentirá satisfecho de su talento y de su capacidad para crear cosas valiosas..., ¡no sólo saben cosas los mayores!

Esta canción incluye movimientos con las manos que debes enseñarle antes de que el coche se ponga en marcha. Recuerda que hay otras canciones adecuadas para cantar en el coche. Por ejemplo, cantar «A-E-I-O-U» o recitar cualquier poema del capítulo «Música y movimiento» constituye una forma excelente de ocupar constructivamente a tu hijo de cuatro años durante un viaje en coche.

**Palabras y movimientos para «En el auto de papá»**
El viajar es un placer
*(flexiona los brazos al frente, arriba y abajo)*

que no suele suceder.
*(Estira los brazos al frente y flexiona las muñecas arriba y abajo.)*

En el auto de papá
*(estira los brazos a los lados y flexiónalos arriba y abajo)*

nos iremos a pasear.
*(Da palmadas encima de la cabeza.)*

Vamos de paseo, pi-pi-pi
*(simula el «un-dos» del boxeo)*,

en un auto feo, pi-pi-pi
*(da palmadas en los muslos)*,

pero no me importa, pi-pi-pi
*(da palmadas al frente)*,

porque llevo torta, pi-pi-pi.

# La bolsa misteriosa

**Materiales**
*Macuto*
*Objetos pequeños (cepillo de dientes, juguetes, calcetines, bolitas de algodón, llaves, conchas, etc.)*

**Actividad**
Esta actividad desarrolla el conocimiento quinestético del niño y perfecciona el sentido del tacto. Aunque esté clasificada como una actividad para el coche, también resulta apropiada para el restaurante.

Antes de partir, muéstrale lo que hay dentro de la «bolsa misteriosa» y déjale elegir unos cuantos objetos. Podríais empezar con cuatro o cinco. Asegúrate que conoce los nombres de los objetos y dile que los toque antes de cerrar la bolsa. Durante el viaje, nombra un objeto y pídele que lo extraiga de la bolsa sin mirar, reconociéndolo por el tacto. El pequeño deberá extraer el objeto de la bolsa para que podáis verlo. A continuación, métela de nuevo en la bolsa para seguir jugando con el mismo nivel de dificultad. (Es posible que algunos niños muy independientes prefieran jugar solos; no te preocupes y déjale que lo haga.)

Cuando el pequeño se haya habituado al juego, añade más objetos a la bolsa o sustitúyelos por otros. Incluso puedes probar sin mostrarle los objetos antes de empezar el juego.

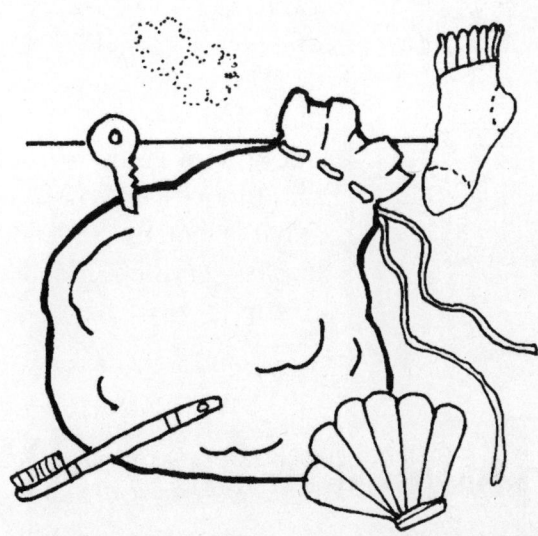

# Los colores de la comida

**Materiales**
*Plato de papel*
*Tizas*

 **Actividad**

Se trata de una actividad emocionante y educativa que a menudo convierte el hecho de comer fuera en una experiencia apasionante para el niño.

Podéis empezar después de haber encargado la comida del niño. Habla con él sobre el aspecto que va a tener lo que ha pedido. Ayúdale a pensar en los colores con preguntas tales como: «¿Qué color va a tener la salsa de manzana?». A continuación, dile que dibuje y coloree lo que ha encargado en el plato de papel.

Si vais a un restaurante «célebre» por la lentitud del servicio o a uno nuevo donde no sepáis lo que van a tardar en serviros, llévate varios platos para que pueda dibujar la comida del resto de la familia.

# Veo, veo

**Materiales**
*Ninguno*

 **Actividad**

Aquí tienes una nueva versión de un viejo juego que ayudará a tu hijo a enriquecer su vocabulario relativo a la comida y a los objetos relacionados con la misma.

En primer lugar, define los límites, como por ejemplo: «Vamos a jugar con los objetos de la mesa». Dile que va a ser como un acertijo. Cuéntale que si, por ejemplo, tú dices: «Veo un vegetal verde», él deberá intentar adivinar qué es: ¡la lechuga del plato de papá! Explícale que las servilletas, los vasos, los cubiertos, etc., también entran en el juego.

# Los nombres y los colores de la comida

**Materiales**
*La comida de la familia*

**Actividad**
Hay dos maneras de realizar esta actividad. Una consiste en hablar de la comida de cada cual por separado. Por ejemplo: «Tu hermano Luis tiene guisantes. ¿Sabes de qué color son?». Dale tiempo para pensar y después enfatízalo diciendo: «Sí, los guisantes son verdes». Si no sabe la respuesta, dísela tú, y a continuación añade: «También tiene espaguetis con salsa. ¿Sabes de qué color es la salsa?». Repite de nuevo la respuesta correcta. Después de hablar de la comida de Luis, sigue con la de los demás miembros de la familia.

Otra forma de jugar consiste en hablar de cada grupo de alimentos por separado. Por ejemplo, primero de las verduras que cada uno tiene en su plato, así como de su color, y a continuación, de otro grupo de alimentos (carne, pescado, etc.).

No hace falta incluir a todos los comensales en el juego, aunque es fundamental que el plato de tu hijo ocupe un lugar preferente en esta actividad.

# Letras y números

**Materiales**
*La carta del restaurante*

**Actividad**

Señala una letra o un número de la carta que tu hijo conozca. Repasa su nombre. Pídele que busque en la carta todas las letras o números iguales a la que le has sugerido. Enfatiza sus respuestas diciendo: «Sí, en efecto, esto es un... (por ejemplo, «dos»)». Repite la misma operación con otra letra o número.

Esta actividad se puede emplear para enseñarle el abecedario o los números del 1 al 10.

# Utiliza la fantasía para divertirte

| | |
|---|---|
| Introducción | 74 |
| El teléfono | 75 |
| Títeres | 76 |
| De acampada | 77 |
| A disfrazarse | 77 |
| ¿Dónde están los ositos? | 78 |
| Mi pequeño zoo | 78 |

# Introducción

Al igual que tú, tu hijo aprende teniendo la mente despierta. Así pues, los ejercicios de este capítulo le ayudarán a mantener la mente despierta y a desarrollar la imaginación. Estimulan la destreza para la resolución de problemas y la capacidad de abstracción, dos capacidades que permitirán al niño aprender cosas nuevas cada día. Debes comprender que, mientras jugáis a las actividades que se sugieren en esta sección, no sólo estáis jugando sino que estás preparando al pequeño para el futuro.

Se pueden aprender muchísimas cosas interpretando diferentes papeles, como en el caso de «A disfrazarse» y «De acampada». Por su parte, los «Títeres» le ofrecerán la oportunidad de viajar en el espacio y el tiempo sin salir de casa.

Mientras despegáis con rumbo a un viaje fantástico, disfrutarás viendo el desarrollo de la imaginación del niño. Anímale a inventarse aventuras para vivirlas juntos, ya seáis tú Jasmine y él Aladino volando en una alfombra mágica o bailarinas en un espectáculo.

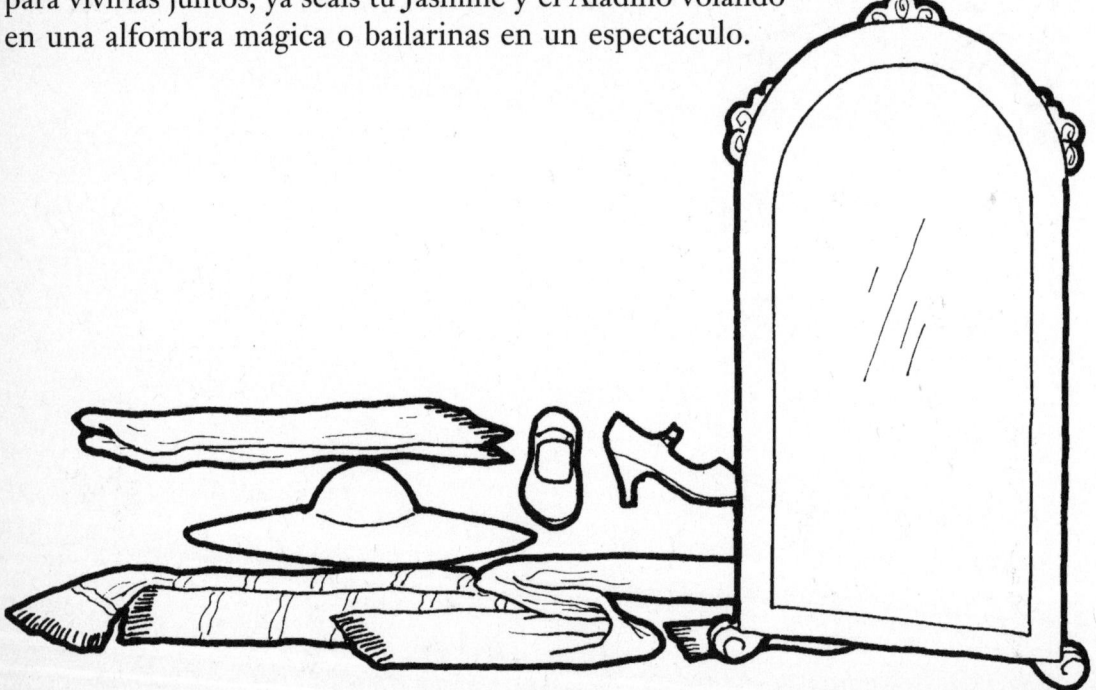

UTILIZA LA FANTASÍA PARA DIVERTIRTE

# El teléfono

**Materiales**
*Dos vasitos de espuma de poliestireno*
*Lápiz*
*Cordón de algodón*

**Actividad**
Ayuda a tu hijo a agujerear la base de los dos vasitos con el lápiz. Únelos ensartando un cordón de 2 m en los orificios y anuda los cabos para que queden bien sujetos en la base de los vasos. Enséñale a telefonear. Ponle un vaso en la oreja para escuchar y el otro en la boca para hablar. Haced turnos para telefonear y a continuación coged un vaso cada uno y mantened una conversación. Este juego le enseñará a compartir y a esperar su turno, así como a divertirse con la conversación.

# títeres

**Materiales**
*Títeres
  (confeccionados en
  casa o comprados)
Teatro de guiñol*

**Actividad**
Jugar con títeres permite que los niños asuman el papel de distintos personajes, como cuando se disfrazan, pero con la ventaja de que pueden practicar la expresión oral, pues tienen que inventar un relato.

Enséñale a ponerse los títeres en la mano y a adoptar una voz diferente para cada uno. Recuerda que podéis fabricarlos con calcetines o bolsas de papel; resultarán igual de divertidos. En realidad, esta actividad puede empezar con la creación de la marioneta. Incluso puedes fabricar el teatro recortando un marco rectangular en una caja de cartón o pegando una manta con cinta adhesiva en el umbral de una puerta. Anímale a contar un cuento que ya sepa o a inventar uno nuevo.

Si es posible, lleva a tu hijo a ver un espectáculo de títeres de verdad. Le ayudará a comprender mejor en qué consiste, además de ser una experiencia muy emocionante.

## De acampada

**Materiales**
*Habitación con muebles*
*Manta o sábana*

**Actividad**
Si a tu hijo le gusta ir de acampada, sugiérele una excursión imaginaria. Ayúdale a construir una «tienda de campaña» colocando una sábana o una manta encima de un mueble de modo que cuelgue y permita la entrada y la salida del niño a gatas. Simula un fuego con ramitas y golosinas. Sigue fingiendo que pescáis y que hacéis excursiones. Aprovecha para darle consejos de seguridad; le resultarán útiles para el día que acampéis de verdad.

## A disfrazarse

**Materiales**
*Ropa*
*Bufandas*
*Corbatas*
*Zapatos*
*Sombreros*
*Espejo grande (optativo)*

**Actividad**
A los niños de cuatro años les encanta fingir que son otras personas, ya que su identidad se está formando. Disfrazarse y luego mirarse al espejo les brinda una oportunidad magnífica para asumir un rol ajeno.

Proporciónale varias piezas de ropa viejas, cosas tales como vestidos, camisetas, pantalones y camisas que ya no utilizáis. Sugiérele que pruebe diferentes combinaciones. Recuerda que estáis en un mundo de fantasía y que por lo tanto cualquier cosa es válida. Por ejemplo, unas botas de vaquero con una gorra de béisbol y un vestido de lentejuelas componen un traje perfecto. Anímale a comportarse como lo haría el personaje del que se ha disfrazado. Pregúntale cosas como: «¿Quién (o qué) eres ahora?». Llévale frente al espejo para que observe qué aspecto tiene con semejante atuendo.

## ¿Dónde están los ositos?

**Materiales**
*Ositos de peluche*

**Actividad**
Se trata de esconder y buscar (por turnos) cuatro o cinco ositos de peluche. Podéis jugar al aire libre, aunque es una actividad ideal para un día lluvioso. Es bueno que niños un poquito más mayores jueguen con los de cuatro años, ya que pueden enseñarles sitios donde esconder los ositos y estrategias para encontrarlos. Aumenta el número de ositos a medida que el pequeño se sienta más interesado en el juego.

## Mi pequeño zoo

**Materiales**
*Animales de peluche*

**Actividad**
Haz que tu hijo cree su propio zoológico colocando animales de peluche en el jardín o en casa. Ayúdale a poner también plantas o árboles, para ofrecerles un hábitat más real. Por ejemplo, a una jirafa le gusta comer de los árboles, una tortuga prefiere la hierba o plantas pequeñas y para un mono no hay nada mejor que juguetes y árboles. Esta actividad puede ser tan compleja como el niño desee. ¡Que use la imaginación y dé de comer a los animales! Luego, tú y otros miembros de la familia podríais visitar el zoo del pequeño.

# Bibliografía

Ames, Bates, *Your Four-Year-Old*, Delta Books, 1976.

Baldwin, Rahima, *You Are Your Child's First Teacher*, Celestial Arts, 1989.

Bavolek, Juliana, *Nurturing Book for Babies and Children*, Family Development Resources, Inc., 1989.

Cantor, Pamela, *Understanding a Child's World*, McGraw Hill Book Co., 1977.

Dinkmeyer, Dinkmeyer y McKay, *Parenting Young Children*, American Guidance Service, 1989.

Ellison, Sheila, y Gray, Judith, *365 juegos creativos*, Martínez Roca, 1996.

MacGregor, Cyntia, *Raising a Creative Child*, Carol Publishing Group, 1996.

Montessori, María, *La mente absorbente del niño*, Araluce, 1971.

Salk, Lee, *What Every Child Would Like His Parents to Know*, David McKay Co., 1972.

Singer y Revson, *A Piaget Primer: How a Child Thinks*, Penguin Books, U.S.A. Inc., 1978.

# EL NIÑO Y SU MUNDO

Títulos publicados:

1. **Juegos para desarrollar la inteligencia del bebé** - *Jackie Silberg*
2. **Juegos para desarrollar la inteligencia del niño de 1 a 2 años** - *Jackie Silberg*
3. **Luz de estrellas. Meditaciones para niños 1** - *Maureen Garth*
4. **Rayo de luna. Meditaciones para niños 2** - *Maureen Garth*
5. **Enseñar a meditar a los niños** - *David Fontana e Ingrid Slack*
6. **Los niños y la naturaleza** - *Leslie Hamilton*
7. **Rayo de sol. Meditaciones para niños 3** - *Maureen Garth*
8. **El jardín interior** - *Maureen Garth*
9. **300 juegos de 3 minutos** - *Jackie Silberg*
10. **Educar niños felices y obedientes con disciplina positiva** - *Virginia K. Stowe y Andrea Thompson*
11. **Juegos para hacer pensar a los bebés** - *Jackie Silberg*
12. **Luz de la tierra. Meditaciones para niños 4** - *Maureen Garth*
13. **El espacio interior** - *Maureen Garth*
14. **Comidas sanas y nutritivas para el bebé** - *Marie Binet y Roseline Jadfard*
15. **El ABC de la salud de tu hijo** - *William Feldman*
16. **Cómo contar cuentos a los niños** - *Shirley C. Raines y Rebecca Isbell*
17. **Niños felices** - *Michael Grose*
18. **Tu bebé juega y aprende** - *Penny Warner*
19. **Comidas sanas, niños sanos** - *Bridget Swinney*
20. **Enseña a tu hijo a ser creativo** - *Lee Hausner y Jeremy Schlosberg*
21. **Enseña a tu hijo a concentrarse** - *Lee Hausner y Jeremy Schlosberg*
22. **Los gestos del bebé** - *Linda Acredolo y Susan Goodwyn*
23. **Actividades para aprender. El bebé** - *Ina Massler Levin y Michael H. Levin*
24. **Actividades para aprender. El niño de 1 año** - *Marla Pender McGhee*
25. **Juegos para hacer pensar a los niños de 1 a 3 años** - *Jackie Silberg*
26. **El mundo emocional del niño** - *Isabelle Filliozat*
27. **Normas educativas para padres responsables** - *Nan Silver*
28. **Cómo hablar con tu bebé** - *Dorothy P. Dougherty*
29. **Actividades para aprender. El niño de 2 años** - *Ina Massler Levin y Michael H. Levin*
30. **Actividades para aprender. El niño de 3 años** - *Grace Jasmine*
31. **24 horas al día con tu bebé** - *Barbara Rowley*
32. **El arte de contar cuentos a los niños** - *Shirley C. Raines y Rebecca Isbell*
33. **Los primeros pasos del bebé** - *Susan Fox*
34. **La inteligencia emocional de los niños** - *Will Glennon*
35. **Niños vitales, niños sosegados** - *Sylvia Lendner-Fischer*
36. **¡Socorro! ¡Hay un niño pequeño en mi casa!** - *Nancy Kelly*
37. **Actividades para aprender. El niño de 4 años** - *Marla Pender McGhee*
38. **Actividades para aprender. El niño de 5 años** - *Julia Jasmine*